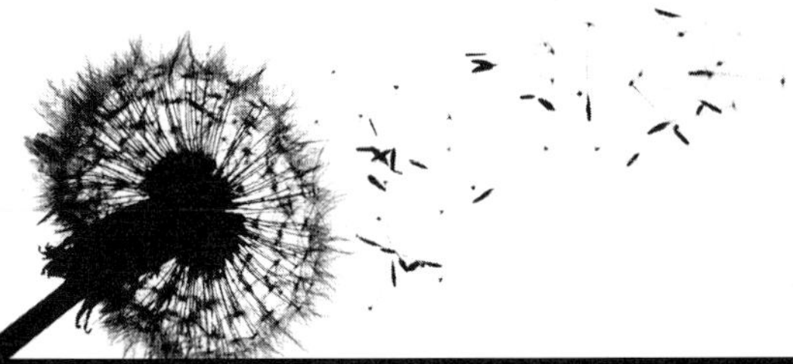

国企改制中的职工流动

（1986—2000）

Staff Flow in the Reform of State-owned Enterprises

余信红　著

暨南大學出版社
JINAN UNIVERSITY PRESS

中国·广州

图书在版编目（CIP）数据

国企改制中的职工流动（1986—2000）/余信红著. —广州：暨南大学出版社，2013. 5

ISBN 978-7-5668-0510-2

Ⅰ. ①国…　Ⅱ. ①余…　Ⅲ. ①国有企业—经济体制改革—影响—职工—研究—中国—1986—2000　Ⅳ. ①F279. 241

中国版本图书馆 CIP 数据核字(2013)第 046064 号

出版发行：暨南大学出版社

地　址：中国广州暨南大学
电　话：总编室（8620）85221601
　　　　营销部（8620）85225284　85228291　85228292（邮购）
传　真：（8620）85221583（办公室）　85223774（营销部）
邮　编：510630
网　址：http：//www. jnupress. com　http：//press. jnu. edu. cn

排　版：广州市天河星辰文化发展部照排中心
印　刷：佛山市浩文彩色印刷有限公司

开　本：787mm×960mm　1/16
印　张：13. 875
字　数：243 千
版　次：2013 年 5 月第 1 版
印　次：2013 年 5 月第 1 次

定　价：35. 00 元

目　录

导　论

一、选题意义和研究现状

做这个选题有两个原因，一是没人写，二是没有工人写。

第一，没有人写。

2012 年夏天我仍然与平常一样，在网络上寻寻觅觅。当时出了一部新电影叫《钢的琴》，讲东北某地一群下岗工人的故事。网络上有一些影评，对这部电影作了较好的评价，但是对社会科学研究领域提出了批评，说国有企业几千万下岗职工的事情和历史竟然没有人去研究。然而，和所有做研究的人一样，我们每天都在苦苦地跟踪，寻找那些不曾有人研究或者还没有研究“彻底”的地方，希望自己能够有所突破。我们在给学生上论文辅导课的时候，要讲的第一个问题就是“怎样选题”。我们经常告诉学生，在当今竞争如此激烈的时代，几乎没有哪个问题是没有被人们研究过的，想找新的选题，只有在几个学科交叉的地方才能发现少许“绿洲”。前面说的那篇关于《钢的琴》的影评里，竟然批评国有企业下岗职工问题还没有被人研究过，这个影评惊醒与激发了我，因此，我开始“研究”起来。

经过初步的了解与查阅，我还真没有找到研究国有企业下岗职工的专门书籍。接下来，我按照做学问或做课题的全套方法，开始查阅资料，阅读文献，做读书笔记。研究此课题的意义和价值、待研究现状、待研究的问题和重点难点、研究思路以及方法、创新之处等。

知识分子有一个追求客观事实进而追求真理的愿望与责任，没有人研究过的就应该研究，如果说到意义和价值，那么这就是意义、价值，亦即“填补空白”。

但是我在研究的过程中也发现，国有企业改制中的职工流动不仅仅包括职工下岗这一种情况。

其一，不仅有下岗，还有再就业；有内退、病退或提前退休，亦有在岗而企业停、减发工资，这两种情况又会产生“隐形就业”；有分流出去后政府又安排去了其他国有企业的；还有主动分流自谋职业等。

其二，下岗与再就业并提是矛盾的，是当初特殊历史条件下的产物。因为，与下岗对应的应该是“再上岗”；与失业对应的才是再就业。由于当时还没有承认失业，就只能称为下岗待业，与待业对应的应该是“复业”，而实际上多数下岗职工再就业以后是“转业”或者“转行”，并没有从事原来的工作、工种、行业。一直到 1999 年 1 月国务院颁布《失业保险条例》，才首次在法规上明确将待业保险正名为失业保险，并将下岗职工逐步纳入失业的范围。

其三，综合上述原因考虑，还是借用“流动”的概念能够比较确切地表达本研究的范围。因为，“社会流动是指社会成员从某一种社会地位转移到另一种社会地位的现象”①。之所以是“借用”，是因为本课题不是研究国企职工的职业流动，而仅仅是描述国有工业企业部分职工在改制过程中的“变化”，当然，这种“变化”也包括了劳动者劳动角色的转换，反映了某个群体的社会经济地位的变化，关系到社会资源分配以及社会结构的变迁等等。

第二，没有工人写。

另外一个理由是我在研究过程中发现的，虽然关于国企改革的著作不少，但没有哪部是国企职工写的，因此，有了第二个做这个选题的理由。

从 1984 年开始，城市经济体制改革成为我国改革的重点，而国有企业改革又是城市经济体制改革的中心任务，一直到今天，仍是热之又热的问题。但是研究者一般都是理论家，虽然他们的研究非常好，但是个别地方也有不足。

例如，对企业没有亲身的实践体会，学富五车但是不懂技术；没有在工厂矿山干过却因为研究需要又要勉强对工厂矿山品头论足；没有长期接触过企业职工却对他们作出了一大堆“论断”等等。因此，总感觉有些问题没有讲到点子上，没有讲到骨子里，或者感觉说得很好笑，甚至根本就说错了。例如，一位知名经济学家，在一本著作中用了整整一个章节“工作中偷闲：拖垮国有经济的痼疾”来说如何解决国有企业职工“不努力工作”的问题，作者在这章的开头说：“国有企业长期以来效率持续下滑，有种种原因，但与劳动者在国有经济体制内的不努力工作、责任心不强，有着十分密切的关系”②。这里首先抛出了一个“论断”：劳动者在国有经济体制内“不努力工作、责任心不强”，然后用了很多高深莫测的努力动机来解决这个问题。至于这个“论断”是如何得来的，整部著作没有一个论据。我认识该作者，知道他是从学校门到学校门的专家，他是怎么知道国有企业的劳动者工作是“不努力”的呢？在这个问题上，“听说”与

① 陆学艺．中国社会阶层研究报告之二——当代中国社会流动．北京：社会科学文献出版社，2004. 1.

② 周天勇．中国经济命运与前景的深层次思考．北京：中共中央党校出版社，1999. 26.

"传说"得太多了，以至于把国企职工搞得面目全非。不努力工作的劳动者在任何单位都有，包括私有企业。不管在哲学的基本原理中还是在现实中都是必然的事情，这本不足以为论题。很显然，他说的是"大多数"职工，而这恰恰是我们的分歧所在。在世界工业化几百年的历史中，企业沉浮兴衰，倒闭千千万万，尽管原因也有千千万万，却从来没有见过总结企业倒闭是因为工人"不努力工作"，即使有，也应该是管理者的问题。还有，引文中说"国有企业长期以来效率持续下滑"，那说明国有企业的效率曾经是很高的了？否则，就没有"长期"下滑的空间；既然曾经的效率是高的，那不就证明了国企职工的工作"曾经"是努力的吗？为什么后面又会变成不努力了呢？

我是个在工厂出生、长大，又在工厂工作过20年的8级机修钳工。在国企30多年的生活与工作中，由于外遣培训、支援矿山的设备安装、采购机床配件、外出推销产品与售后服务以及产品送外加工、试验、检测、送货、安装、产品标准讨论与审定、质量咨询（评估）、外调等，国营矿山与工业企业我去过不下200家。后来我考取了硕士、博士，并且到大学当了教授，也算是在国企中"流动"出去的一员，因此我想，我有义务、有责任去研究这个问题。而且做这个选题，我应该是既有长期的实践经验也有一点理论基础了，具有一定的优势。

二、文献综述和研究方法

文献资料可以分为三大方面：一是中共中央、人大、国务院文件，相关法律、法规与党和国家领导人的著作；二是国企改制以及涉及职工在改制中流动问题的著作，分别见之于经济史、工业史、国史、党史，有关国有经济和国企改革的论著，社会学方面有关劳动人事、就业、社会保障制度的著作；三是本人发表的部分论文。现分述如下：

（1）中共中央、人大、国务院文件，相关法律与党和国家领导人的著作。文件主要有《三中全会以来重要文件选编》，十三大、十四大、十五大、十六大以来重要文献选编。相关法律见之于法律汇编如《中国工业管理条例汇编》、《中国企业领导制度的历史文献》、《中国企业常用法律法规手册》等。领导人著作主要有《邓小平文选》、《江泽民文选》、《朱镕基讲话实录》等。

这类文献是国有企业改革的法规、指令或指导性文件，因此，是本书研究的基本资料与线索。

（2）经济史、工业史、国史、党史著作。如王玉茹《中国经济史》、王询和于秋华《中国近现代经济史》、刘日新《新中国经济建设简史》、王洪模《改革开放的历程》、孙健《20世纪的中国——走向现代化的历程》、章迪诚《中国国有企业改革编年史》、齐鹏飞《当代中国编年史》、陈雪薇《十一届三中全会以来重大事件和决策调查》、钟朋荣《十年经济改革——历程·现状·问题·出路》等。

这些著作有的是通史型的，有的是专门史或者断代史类型的，因此既有对整个新中国经济发展脉络的描述，也有专项内容比如工业建设历程的介绍。因为国有企业改革是城市经济体制改革的中心内容，所以一些文献对国企改制的过程、各项政策的出台，以及这些政策实行的结果都有一些评述，如承包制、“16字方针”的出台与实施情况，压缩经济过热和治理整顿的情况，重复建设、盲目建设的情况等。尤其是一些著作对这些情况进行了经济学分析，给本课题的研究提供了时间、背景、政策、结果的脉络。上述有的著作也对职工的分流、减员、下岗、再就业等情况有所涉及，并提供了一些数据。

（3）国有经济和国企改革的论著。如张大军《改革的“雷区”——关于所有制改革问题研究》、陆百甫和谢伏瞻《大调整——中国经济结构调整的六大问题》、周天勇《中国经济命运与前景的深层次思考》、张卓元和郑海航《中国国有企业改革30年回顾与展望》、赵国良《脊梁·国有企业的机遇与挑战》、张志刚和左太行《深化国有企业改革研究》、付卡佳和白津夫《迈向21世纪：中国股份制》、毕肖辉《企业兼并论》、吴鹏《走出困惑——改革中的国有企业党组织》等等。

上述著作有的对中国经济发展与改革的重大问题或者专项问题作了阐述，有的分析了国企改制中存在的问题，有的对国企改革给予了总结，有的将再就业作为国企改制中的一个专门问题来论述，分析了分流、减员、下岗的原因，介绍了再就业政策。如果能把经济发展、改革历程与国企改制相结合，就能够对国企改制有一个比较全面的认识，对改革的难度有深刻体会，也就可以看到大规模的职工流动是不可避免的。

（4）社会阶层分析与阶层流动研究的社会学著作。如陆学艺《当代中国社会阶层研究报告》与《中国社会阶层研究报告之二——当代中国社会流动》、阎志民《中国现阶段阶级阶层研究》、杨继绳《中国当代社会阶层分析》、梁晓声《中国社会各阶层分析》、孙立平《转型与断裂——改革以来中国社会结构的变迁》与《重建社会——转型社会的秩序再造》、吴忠民《走向公正的中国社会》、刘少杰《经济社会学的新视野——理性选择与感性选择》、刘晓凯《利益分化与政治稳定》、沈立人《中国弱势群体》、石彤《中国社会转型时期的社会排挤——以国企下岗失业女工为视角》、朱力《当代中国社会问题》等。

社会学方面的相关著作对职工流动以后的情况作了很好的研究。近年来，关于中国社会阶层研究的社会学著作，国有企业下岗职工被作为当今中国社会中的一个阶层分出来了，上述研究成果主要调查分析了这个阶层在分流下岗失业以后的生活情况，社会地位、政治地位的下降情况，再就业过程中遇到的困难，社会对这个群体的评价以及他们对企业、对自己的认识与评价，一些著作对为什么形成这样一个阶层也作了分析。

（5）有关劳动人事、就业、社会保障制度的著作。例如，宋晓梧《中国社会体制改革 30 年回顾与展望》、张炳申《中国劳动力市场深层矛盾研究》、赵曼和杨海文《21 世纪中国劳动就业与社会保障制度研究》、李强等《失业下岗问题的对比研究》、郭庆松《企业劳动关系管理》、袁方和姚欲群《劳动社会学》等。

这些著作对国有企业人事制度的历史、弊端、改革的过程与政策等作了比较详细的阐述，对计划经济体制下的工资、社会保障制度如国有企业的“劳保”历史与制度作了回顾，阐述了现行的社会保障制度、文献政策，介绍了失业、养老、医疗保险在改革开放进程中的建设情况，介绍了下岗职工的培训、再就业情况，提出了进一步完善社会保障制度的设想，为本研究提供了宝贵资料。

（6）本人在企业工作中以及成为理论工作者以后在国企改制过程中发表的部分论文。如《行为科学与质量意识》、《运用行为科学理论指导班组建设工作》，反映了 20 世纪 80 年代扩权让利与承包制阶段国企职工的思想、工作情况，以及由此带来的管理问题；《留几个企业不改如何?》、《如何保证工人阶级的主人翁地位》、《关于企业改革依靠工人阶级的几个问题》、《国有企业党组织如何发挥政治核心作用》反映了 90 年代我自己在企业调研时的所见所闻与思考。这些资料由于是自己的亲身经历与体会，用于历史过程的叙述更真实。

综上所述，以上文献分别从不同的角度阐述了企业改制与职工流动的情况，不足之处是对于这个问题没有从头至尾全过程、全景式的研究。即形成职工流动的开头、结尾怎么样，分为几个阶段，每个阶段的形成原因、产生什么结果、如何评价、为什么会这样，与经济、政治、社会、人文的关系是怎样的，以及历史上是怎么回事、给现实带来什么影响、怎样做才能解决等等。这些也就是选题中说的“没有人写”的理由。

综合上述内容，本课题的基本研究思路是：将国企改制中的职工流动问题，放在国企改革的大背景下，以党中央和国务院、中央领导关于国企改革的理论、政策文献、讲话为基本线索，以上面介绍的研究成果作为分论点或论据展开，以自己的亲身经历为佐证，试图寻找国有企业改制中职工流动的来历与结果，从而对这个问题做一个初步的、大概的梳理与描述。

因此，本课题的研究方法遵循历史唯物主义与辩证唯物主义的思想，不脱离时代背景与条件，紧扣基本国情，将历史遗留问题的描述与现实困难、改革中出现的问题、前进中的艰辛探索客观摆出来，辅之以理论分析与逻辑归纳。实际上，国企改革作为我国改革开放整体布局的一部分，既是城市经济体制改革的中心，也是由计划经济向市场经济过渡的重点内容，有一个从理论到实践、从重点到全面、从探索到完善，不断实践、不断总结的过程。在这个过程中出现的职工流动，是不可避免的。所以在提出问题与解决问题时，有一个多学科交叉融汇的特点，这是由本课题的选择所决定的。既有国企改革本身的发展历程，又与经济发展方向、方式密切关联，既有历史原因，又有现实原因。与国企改革相配套，需要完善人事制度、分配制度以及社会保障制度建设，而这又是一个巨大的工程，其本身就存在着内在的逻辑联系，以及理论与实际如何相结合的矛盾。这些情况，都需要将内容展开、归纳并作出一个概括。

三、研究的主要内容和逻辑结构

本研究将国营（有）企业职工的流动放在国营（有）企业改革的整体背景下进行，国企的每一步重大改革步骤对职工的流动都发生了重要影响。

（1）以时间为主要历史线索分为三个阶段。

本研究的历史区段在1986—2000年之间，分为三个阶段：

第一阶段从1986年国营企业破产试点与立法开始，可以看作是国企职工流动的开端，大致到1992年第二轮承包制结束。

第二阶段为1993年至1997年。这个阶段与第一阶段相比，有两个显著不同的特点，其一，1993 年 10 月全国人大修改宪法，将原来的“国营”企业修改为“国有”企业。“有”而不“营”，标志着“政企分开、权责明确”，并以宪法的地位予以确认。其二，1993 年 9 月党的十四届三中全会通过了《关于建立社会主义市场经济体制的决定》，因此，其后的国企改革的整体背景与此前 15 年的改革已经有了显著不同。此前的国企改革基本上是在计划经济或者有计划的商品经济条件下进行的，而此后的改革则是在社会主义市场经济条件下进行的。第二阶段的特点是随着国有企业效益滑坡越来越厉害，改革的力度不断加大，随着企业并购、兼并、出卖、破产、股份化等各项措施同时并举，“减员增效、下岗分流”成为政府推动国企改制的重大举措，伴之以再就业工程的大力开展，职工流动面广量大，并且在 1997 年达到顶峰。

第三阶段为 1998 年至 2000 年，是建立现代企业制度的突破性阶段。在这个阶段，中央提出了国有企业三年脱困的任务，脱困的重要手段之一仍然是企业减员与分流富余人员。该阶段的特点是社会保障制度加速建设并取得重大进展。通过三条保障线建立失业基金，伴随着就业、养老、医疗、最低生活保障、住房制度改革的同时推行，再就业工程取得了明显的成效。

1986 年是国企职工流动的开端自不用说。研究到 2000 年为止，一是因为中央宣布国企三年脱困的任务已经完成；二是在此后国企大规模减少，职工流动数量逐渐下降，给社会的震动与影响已经减弱，职工的就业观念也有了很大的转变；三是在市场经济的基本框架大致建立以后，社会保障制度已逐步建立起来，国企职工的流动同社会各阶层的就业一样，逐渐按照市场方式运作，国有企业与其他所有制类型的企业一样，职工失业或者流动已经成为日常性现象；四是如果作为历史线索，此后的沉淀时间太短。当然，2001 年以后还是国有企业改制的进行时，职工流动也没有停止，但因为上述原因没有作为本研究的主要内容，只是有所涉及，那是因为政策的连续性无法被割断。

（2）以国企改革中重大举措出台以及这些举措对职工流动的影响作横向展开。

在国企改制中，对职工流动影响大的主要政策有：在第一、二阶段，国有企业破产、租赁、兼并、收购、拍卖的政策必然要面对职工的去留问题，给职工震动很大，对社会影响也大。上述一系列改革都是自上而下由政府发文推动的，同时是在几乎完全没有建立基本的养老与失业救济体系的情况下进行的，存在的困难很多。在这两个阶段，遇到了两次压缩救济过热与通货膨胀，通过压缩基本建设规模、降低增长速度、压缩社会购买力、压缩企业生产能力，国有企业举步维艰。而农村“一包就灵”的承包制，并没有对城市经济体制改革的中心国有企业的改革产生力挽狂澜的作用。

第二、三阶段的国企改制，形成了大规模的国企职工流动，这种流动的情况复杂，是下岗、分流、减员的共同结果。在这个过程中曾经刮起了两股风：一股风是“一卖就灵”，另一股风是“一股就灵”。这两股风虽然受到中央领导的一再批评，也下发多个文件加以制止，但是仍然没有被刹住。这两股风造成了国有资产流失，对岌岌可危的国企职工产生了非常不利的影响，本来可以不下岗的下岗了，本来可以安置得更好些、补偿可以多一些的资金却“被流失”了。当然，每一股风的刮起，都是有其深刻原因的，本书亦对此作了一些初步的分析。

由于国有企业的改制一直都是自上而下进行的，每个步骤的实施基本上都有文件布置，有的还有实施细则、会议安排、理论呼应、舆论造势等，因此，随着国有企业改革的逐步深入，职工流动的规模逐渐增大。例如，从承包制的实行、“破产法”的试点与实施、优化劳动组合、“砸三铁”，到“减员增效、下岗分流、再就业”，职工流动的规模是随着这些政策的出台而一步步增大的。

在这两个阶段，政府进一步加大了改革的力度，这个“力度”是建立市场经济体制的要求。因此，国有企业来自上级的压力越来越大，“减员增效，下岗分流”被作为政府扭亏同时也是国企改革的政策明确提出来了，不仅企业改制成了国企改革的任务，企业“减人”也成了国企的任务。企业“减人”，使职工彻底地失去了依靠与保护，他们没有了任何来与地方政府或“企业”谈判的筹码。作为党的“群众组织”的工会以及长期接受党组织教育的职工，只能坚决拥护“减员”与“下岗”，包括对他们自己的“减”与“下”。工人阶级的先进性在这里得到了鲜明的体现，我们不能不对他们肃然起敬。

国企改制牵涉的职工流动，既有现实原因，又有历史原因。其中有历史上将企业当作就业主渠道来解决人口“吃饭”的问题，有企业负担过重的问题，有计划经济体制下采取的低收入“高福利”（相对于中国其他阶层而言）政策，以及职工“远期福利”的历史欠账问题等，这些都大大地增加了国有企业改革的难度。实际上，时至今日，还遗留了一系列今后将被称为“历史问题”的问题。

同时，国有企业职工的大规模流动，不仅与逐步破除计划经济体制和逐步建立市场经济的政策性因素有关，还与中国经济建设发展到一定程度的转型有关。例如，一些产业或者机器设备淘汰、产业转移、经济增长方式转变、新兴产业兴起、资源枯竭；还有第一、二、三产业比例调整、科学技术进步、资本的有机构成提高、外资企业大量引进、农民工大规模进城；以及国家应对国际国内形势变化而改变的发展战略，如原子弹核武器不造了，军工规模缩小了，“三线建设”取消了等等。这些，都对国有企业职工的流动进而对他们的命运发生了重大影响。

国有企业改制牵涉到职工流动，实行现代企业制度牵涉到工人在企业中的地位，牵涉到党组织在企业中的地位与工作内容。这些变化又关系到工人阶级在国家中的领导地位，关系到职工在企业中的主人翁地位以及由此生发的职工民主管理、民主监督的权利，牵涉到党的阶级基础如何巩固、党组织在企业怎样实现政治领导等。本书对此也作了一些探讨。

在国企改制过程中，会牵涉到对国企历史功过的评价；在职工下岗分流的过程中，也必然牵涉到对国企职工的评价。当初为了给国企改革扫清思想上的障碍，制造舆论氛围，大众媒体对国有企业与国企职工的评价多数是负面的，迄今留下的也是负面的影响：既然国家经济的主要建设力量从企业到工人都是令人失望的，那么国家的经济建设还有什么功绩可言呢？但是一个基本的事实是：在 1993 年以前公有制经济在我国占据了主要地位，国有企业是经济建设中的主力军。如果为了给国企改革寻找理论依据而否定其历史功绩，实际上否定了我国前 45 年（也包括改革开放 1978—1993 年的 16 年）的工业与现代化建设成就；如果否定国有企业职工几代人的贡献，后面的建设基础与人才基础都会成为天上掉下来的，新中国的历史就会被割断。本书亦将根据包括史料记载和作者的亲身经历在内的各种史实，对上述问题展开阐述。

企业改制、职工下岗的生活与再就业，给社会保障建设带来了一系列急需解决的问题，从另外一个方面说，正是由于国有企业改制而产生的社会问题，更快地推动了我国劳动用工制度、社会保障制度的改革与建设。

本书就是围绕上述问题而展开研究的。

第一章

国企破产，职工流动的开端

一、国营企业破产——“防爆”变“引爆”

1986年8月3日，沈阳市皇姑区崇山西路93号，两张封条将沈阳市防爆器械厂大门封上，沈阳市人民政府宣告，连续亏损10年、负债额超过全部财产2/3的沈阳市防爆器械厂破产，并收缴其营业执照。这个成立20年的拥有72名职工的小型企业破产，在中华人民共和国历史上还是首次。新华社第一时间发出消息：“沈阳市防爆器械厂是新中国成立后第一家正式宣告破产倒闭的企业。”从此，“沈阳市防爆器械厂”被写进了国企改革的历史。

当时，沈阳市防爆器械厂厂门口挤满了情绪激动的职工。有人哽咽，有人痛骂，还有人在紧闭的大门外摆上花圈……一石激起千层浪，该厂的破产在全国的国企职工中也引起了强烈的反响，一些企业的领导会经常用这个事情来教育职工。“与此同时，沈阳、武汉、重庆、太原4城市在10家企业试行破产制度，亮‘黄牌’限期整顿。到1986年8月底有5家企业起死回生，说明企业破产制度对企业改革和发展起着积极作用。”①

破产以后的沈阳市防爆器械厂的职工怎么样了呢？正因为是“第一家”，有惊无险，职工们安然无恙：“1986年8月3日，我国虽然出现了第一个破产企业——沈阳市防爆器械厂，但是，这个破产企业的失业工人，绝大多数又由国家包下来了，继续端‘铁饭碗’。一位45岁的女工，因本人条件差，实在没法为她重新安排工作，劝她去当个体户经商，可她说，‘我不会做，我就想依靠组织’。最后，‘组织’还是为她找了个‘铁饭碗’。至于厂长、书记更不用说，‘组织’已安排他们易地做官了”②。

但是，其后破产企业的职工就没有享受到如此“安排”了：“到1996年底，58个试点城市中有1099户企业破产终结，1192户企业被兼并，分离非生产机构5908个，分流富余人员123万人。1997年计划兼并破产及减员增效涉及企业2982户，资产总额4115.64亿元，职工总数（在职及离退休）578.74万人，拟分流富余人员140.86万人，其中，破产和兼并企

---

① 王洪模．改革开放的历程．郑州：河南人民出版社，1989.354.

② 钟朋荣．十年经济改革——历程·现状·问题·出路．郑州：河南人民出版社，1990.291.

业分别占涉及企业总户数的20.1%和44%。”①

然而，中国第一家国营企业的破产，是在没有法律支持的情况下宣布的。沈阳市政府当天为此召开了新闻发布会，由于当时我国还没有企业破产法，该案件是依据沈阳市的行政法规《沈阳市集体企业破产倒闭条例》，由市工商局主持它的清算工作，而不是法院。四个月之后，1986年12月2日，六届全国人大常委会第十八次会议通过《中华人民共和国企业破产法（试行）》。同日，李先念发布主席令公布了这个法律。但是，该法附加了一条：本法自全民所有制工业企业法实施满三个月之日起试行，试行的具体部署和步骤由国务院规定。《中华人民共和国全民所有制工业企业法》要等到1988年4月13日七届全国人大一次会议才通过。也就是说在工业企业法都还没有的情况下，却先出台了一个工业企业的破产法，在主法律没有的情况下先有了子法律。著名法学家张友渔曾就此发表看法认为：“一部法律待另一部法律生效后3个月再生效，这种做法在我国立法史上还是第一次，在国外也是少见的。”②

“防爆器械”是干什么的？举一个例子，煤矿井下用的水泵，与之配套的电动机就是防爆电机。因为如果井下有瓦斯，在电动机运转过程中哪怕有一点火星都可能引发瓦斯爆炸。与之相配套的电器产品，就叫“防爆器械”，当然，防爆电机只是其中的一种而已。在煤炭、石油、化工及其他行业中，因生产环境的易爆炸物质不同，所采用的防爆措施也不同，凡是不会引起周围爆炸性混合物爆炸的电气设备，就叫“防爆器械”。没有想到的是“防爆”变成了引爆——引爆了国有企业的更大力度与范围的改革，同时也成为国企职工成规模流动的开端。

1986年，是国企改革力度最大的一年。这一年，中共中央、国务院以及由两者联合发布了关于国企改革的一系列文件：1986年4月18日，中共中央、国务院发出《关于认真执行改革劳动制度几个规定的通知》。该文件指出：国务院常务会议审议通过的《国营企业实行劳动合同制暂行规定》、《国营企业辞退职工暂行规定》和《国营企业职工待业保险暂行规定》，即将由国务院发布施行。同时，《国营企业招用工人暂行规定》也将由国务院审定后发布施行。7月12日，国务院正式发布上述规定。并将《国营企业辞退职工暂行规定》更名为《国营企业辞退违纪职工暂行规

① 付卡佳，白津夫．迈向21世纪：中国股份制．北京：中国工商出版社，1998.234.

② 章迪诚．中国国有企业改革编年史．北京：中国工人出版社，2006.165.

定》。9 月 15 日，中共中央、国务院颁发《全民所有制工业企业厂长工作条例》、《中国共产党全民所有制工业企业基层组织工作条例》和《全民所有制工业企业职工代表大会条例》，并发出通知指出：改革企业的领导体制，是城市经济体制改革的一个重要组成部分。11 月 11 日，中共中央、国务院又发出补充通知指出：从党委领导下的厂长负责制到厂长负责制的转变，是企业领导体制的重大改革。全民所有制工业企业的厂长（经理）是一厂之长，是企业法人的代表，对企业负有全面责任，处于中心地位，起中心作用；企业中的党组织要积极支持厂长（经理）行使职权。12 月 5 日国务院发布《关于深化企业改革增强企业活力的若干规定》，文件提出：1987 年要在深化企业改革，增强企业特别是大中型企业的活力方面迈出较大的步子。

中共中央、国务院之所以会在这一年里密集地推出这么多国企改革的文件，与党中央在 1984 年召开的十二届三中全会有关。全会通过了《中共中央关于经济体制改革的决定》（以下简称《决定》），从而将在此前一直是以农村经济体制为中心的改革推向了城市。《决定》明确提出：经济体制改革的中心环节是增强企业活力；建立自觉运用价值规律的计划体制，发展社会主义商品经济；建立合理的价格体系，充分重视经济杠杆的作用；实行政企职责分开，正确发挥政府机构管理经济的职能；建立多种形式的经济责任制，认真贯彻按劳分配原则；积极发展多种经济形式，进一步扩大对外的和国内的经济技术交流；起用一代新人，造就一支社会主义经济管理干部的宏大队伍；加强党的领导，保证改革的顺利进行。文件关于城市"经济体制改革的中心环节是增强企业活力"的表述表明，国有企业的改革是城市经济体制改革的核心任务。

然而，如果按照中央的规定，在国营企业的改革中，以破产的形式出现是有严格控制的，只在试点城市实行，因此它还不是造成大规模职工流动的主要原因。《企业破产法（试行）》通过之后的十年里，破产的企业并不多。这是因为"不敢多搞，只能先在国务院确定的一些大城市试点，原来确定了 18 个城市，现在已扩大到 58 个城市"；而且，"破产试点只限于工业企业，外贸企业不属于破产试点范围，因为流通领域情况复杂"。这是一段权威的阐释，是朱镕基在 1996 年 8 月 20 日《关于企业破产和资本重组问题》的讲话中所讲的："我们不断地收到一些材料，反映近两年来出现了假破产、真逃债的问题。很多企业没有按照有关规定去做，而是超越范围、超越地区，搞假破产，把银行债务冲销了，造成国有资产的流失。……

“宣布企业破产的法律依据是1986年12月2日全国人大常委会通过的《中华人民共和国企业破产法（试行）》［以下简称《企业破产法（试行）》］。如果法院要宣布企业破产的话，这是唯一的法律依据。1991年，最高人民法院有个贯彻执行《企业破产法（试行）》若干问题的意见，但并没有新的规定。《企业破产法（试行）》第四条明确规定：‘国家通过各种途径妥善安排破产企业职工的重新就业，并保障他们重新就业前的基本生活需要，具体办法由国务院另行规定。’这个法律把破产企业职工的安置问题，交由国务院作出具体规定。请大家注意，企业职工安置是个前提条件，没有这个前提条件，企业怎么破产？谁敢破？我查遍所有有关文件，国务院还没有这方面的规定。因此，根据《企业破产法（试行）》来宣布企业破产，就必须在当地具备这个前提条件，就是有比较健全的社会保障体系、有基本生活费保障制度，才能够执行。像上海一些城市，经济实力较强，较早建立了一定的社会保障制度，有失业保险金、有养老保险金、有基本生活费保障，当然有条件依法宣布企业破产。没有这些保障制度的地方，谁敢破呢？因此，这个法律从通过到现在近十年了，破产的企业并不多。

“鉴于此，国务院从1992年开始，在制定《全民所有制工业企业转换经营机制条例》的同时，就在考虑企业破产的问题。经过两年多的研究、讨论，到1994年10月25日，国务院下发了《关于在若干城市试行国有企业破产有关问题的通知》（以下简称《通知》）。这个文件考虑到了《企业破产法（试行）》施行中的困难，即国务院还没有规定怎样安排破产企业职工重新就业和保障他们重新就业前的基本生活。因此这个文件开宗明义，第一条就规定实行企业破产必须首先安置好企业职工，只有安置好企业职工，企业才能够破产。怎样安置呢？第二条规定，企业宣布破产后，其所有的财产拍卖所得，首先要用于妥善安置破产企业职工，保持社会稳定。安置好职工以后，再按照《企业破产法（试行）》所规定的顺序来偿还债务。《企业破产法（试行）》规定的清偿顺序是：第一，首先要偿还破产企业所欠职工工资和劳动保险费用。这不是指以后安置职工的工资，而是指企业破产以前所欠的职工工资，拍卖的资产首先要还工资欠账。第二，破产企业所欠税款。第三，还债。目前，国有企业的债务主要是银行债务。……1994年10月国务院下发的《通知》，基本上仍按照这个债务清偿的办法来执行。但是，前提改变了，即破产企业财产拍卖所得首先用于安置职工，然后再按《企业破产法（试行）》规定的顺序来还债。显然，债权人要受到很大损失，特别是银行债务很难得到偿还，冲掉的银行债务是非常大的。因此，这个办法不敢在全国实行，只能在若干城市试点。银行的钱是向老百姓借来的，不能随便冲销。……因此，目前不敢多搞，只能先在国务院确定的一些大城市试点，原来确定了18个城市，现在已扩大到58个城市。

“现在有关企业破产的法律、文件就是这么两个，要么按《企业破产法（试行）》执行，要么按国务院的《通知》在试点城市执行，不能单挑其中对自己有利的条款来执行。

“……《通知》已经讲清楚了，如果企业破产，一定要把土地拿出来拍卖。濒临破产的企业值钱的主要是土地，但是该化工厂并没有把土地拿出来拍卖并用于偿债，就把银行债务给冲销掉了，这完全是挖国家资产。同志们，这不就是假破产、真逃债吗？破产是一种机制，是转换企业经营机制的重要手段。如果银行债务被冲销后，企业职工也不下岗、转业，还在那里生产，企业继续亏损，企业的经营机制没有任何改变，这样‘破产’有什么好处？

“……我们一再讲，破产试点只限于工业企业，外贸企业不属于破产试点范围，因为流通领域情况复杂，‘皮包公司’甚多，如果让它们随便破产，冲销债务后再继续亏损、继续借钱，银行怎么受得了？”①

有论著给出了破产企业的更具体的数字，并对个中情况作了解说：“《中华人民共和国企业破产法（试行）》自1986年12月2日全国人大通过，1988年11月1日生效至今已有十余年。据最高人民法院的统计表明，1993年以前共受理破产案件1385件；1994年后开始迅速增长，当年为1625件，比1988年至1993年5年间的总数多240件。1995年和1996年两年有了更为惊人的发展，共有5128家企业破产。

……

“根据国务院规定，只有国务院明文确定的56个城市的国有企业才享有国务院59号文关于破产的政策优惠。但据调查，这种利用59号文优惠破产的范围早已冲破56个城市的地域界限，扩展至全国；亦已冲破国有企业的限制扩展至集体企业、合资企业，不少地方在对企业实行破产时，并没有按照国家的有关法律和政府政策规定实施破产，而是片面地从本地

① 朱镕基讲话实录（第二卷）. 北京：人民出版社，2011. 307～310.

区、本企业的局部利益出发，不讲信用，不顾国家的整体利益，搞以逃债为目的的假破产，真逃债。……企业破产了，资不抵债，转制后的国有商业银行收回贷款成为泡影，银行的缺口仍由政府来承担。企业破了产，银行受损失，造成国有信贷资产的大量损失。

……

"从企业走过的十余年破产历程来看，几乎没有一家企业破产不欠银行的债。破产事实上就等于银行过去注入的巨大资金大部分，甚至全部烟消云散，化为乌有。1992 年 11 月 3 日，国有重庆针织总厂宣告破产，这是破产法实施最初 4 年内最大的一起国有企业破产案。重庆针织总厂的债务清理为 8300 多万元，其中银行抵押贷款 3315 万元，一般性债务 5000 万元；此外还有破产费用 450 万元；欠职工工资、劳保、集资款 430 万元；欠国家税收 128 万元。在破产处理中，优先受偿的是银行抵押贷款等。在拍卖时，该企业的所有固定资产只拍卖 1000 多万元，结果银行的债权损失极为惨重。

"……一些人搞假破产，真废债，导致破产欺诈难防范，这是破产工作中的第五个难点。当前企业破产工作中存在一股歪风——废债风。这股歪风如得不到有效控制，将会日甚一日，直至失控，最终会造成国有银行的倒闭，导致全社会经济秩序混乱。"①

企业破产了，职工怎么办？由中国第一家国营企业沈阳市防爆器械厂破产为开端，国企改制过程中的大规模职工流动开始了。

二、从"优化劳动组合"到"砸三铁"

20 世纪 80 年代中后期，在一些地方实行了一种在企业内部进行的改革，叫作优化劳动组合，以期解决企业富余人员的问题。所谓优化劳动组合，就是企业按照择优上岗的原则，通过层层招聘（工人们称之为"组阁"）而组成新的劳动组织的一种企业内部的劳动制度。优化劳动组合的具体做法是：从企业领导班子到科室、车间、班组，根据满负荷原则，合理确定劳动力的需要量，进行定额、定员、定编、定岗，公布上岗条件，招聘招标，平等竞争，双向选择，允许流动，层层承包，订立合同，编外人员实行厂内待业。优化劳动组合的特点是干部、职工可以在企业内部进

① 赵国良．脊梁·国有企业的机遇与挑战．成都：四川人民出版社，1998. 41 ~ 43.

行上下岗位流动，也可以在同岗不同责或不同工种之间进行流动，还可以根据劳动组织的变化，重新搭配人员。但这种流动仅限于本企业内部，职工不能到企业外面去，企业也不能解除同他们的劳动关系。对因优化劳动组合而下岗的富余人员，企业采取多种方法和渠道妥善安置，包括集中培训、办第三产业等。去向既有企业内部的大集体单位，如劳动服务公司、家属工厂或者与企业主产品配套的零配件厂，也有为企业服务的后勤、保卫部门，如食堂、托儿所、清洁部、保卫处等。

从 80 年代中期开始，“优化劳动组合的改革在北京市已全面展开。到 1988 年底，不同程度地开展这项改革的地方直属国有和大集体企业已有 4997 个，占这类企业总数的 56.3%；职工 158.2 万人，占这类企业职工人数的 81.4%。已完成这项改革第一步任务（即精简富余人员，并作出安置）的企业有 1681 个，职工 59.7 万人。

“……经过几次组合都未被组合的人，列入编外，作为富余人员安置。根据对已经推行优化劳动组合的 440 个企业的调查，这些企业的 14 万职工中，下岗 8728 人。这些人被安排从事各种经营的 1780 人，占 20.4%；调出 1097 人，占 12.6%；劳务输出 358 人，占 4.1%；带薪回家和请长假 883 人，占 10.1%；离退休、退职 588 人，占 6.7%；开除 309 人，占 3.5%；辞职 52 人，占 0.6%；停薪留职 193 人，占 2.2%；在企业劳务市场培训、做临时工或待聘的 2193 人，占 25.1%；采取其他形式安排的 1275 人，占 14.6%。

“……1988 年根据对 189 个企业的统计，实行各种不同形式的劳动组合制有 62 家，占 32.8%；可实行组合的 5657 个班组已实行了 2744 个，占 48.5%；实行劳动组合的有 30596 人，占应实行劳动组合人数的 55.84%。据对 35 个企业的调查，共有离岗人员 2860 人，已安置 2374 人，占应安置人数的 83%。

……

“优化劳动组合，作为打破‘铁饭碗’的一种尝试，对长期存在的固定工制度产生了强大的冲击波，为今后的劳动制度改革积累了一些经验。但是，目前的优化劳动组合，不是企业作为一个商品生产者，为了追求经济效益的最大化，自觉自愿地进行的改革，而是在政府的统一布置和组织下，企业不得不进行的一种改革。此外，优化劳动组合是在劳动总供给大于总需求和劳动力市场不完善的条件下进行的。因此，优化下来的富余人员在企业外部很难找到归宿。上述两方面的情况，就决定了优化劳动组合难免出现一些自相矛盾的结果：一方面，政府发动企业进行优化劳动组合的改革，其目的是要企业增加就业竞争，精简多余人员，提高劳动生产率；另一方面，政府出于社会安定的考虑，又不得不要求企业将精简下来的人员进行自我消化。对于企业来说，这就产生了两难选择：企业既要兴师动众把斧头砍向富余职工，又不得不把这些人包下来安置。这样一方面优化劳动组合，一方面包下来的结果，在企业内部就形成了就业和待业两个群体。如果处理稍有不慎，两个群体及干群之间的矛盾，就会迅速激化而引起动荡。因此，有的企业不得不在优化劳动组合中走过场。”①

正如引文所评述的那样，优化劳动组合并不是企业“自觉自愿地进行的改革，而是在政府的统一布置和组织下，企业不得不进行的一种改革”。政府“统一布置和组织”的文件，是1990年2月8日发布的《劳动部关于继续做好优化劳动组合试点工作的意见》②。当时的文件对优化劳动组合中的做法给予了肯定：在当前社会劳动力调节机制和社会保险体系尚不健全的情况下，对富余人员要采取“先挖渠、后放水”的办法，目前主要在企业内部消化，不能推向社会。对富余人员应根据其年龄、健康状况、工作年限以及政治、业务素质等不同情况，采取适当的安置措施。对有劳动能力和有一定专业技能的，应通过开辟新的生产经营门路重新安置；对业务技术素质较差的中青年职工应积极组织培训，帮助他们提高思想政治觉悟和业务技术素质，为其重新走上生产、工作岗位创造条件；对老弱病残职工以及在孕期和哺乳期间的女职工，应予适当照顾。为了做好富余人员的安置工作，要进一步巩固、发展劳动服务公司和其他厂办集体经济，发挥其安置富余人员的作用；要培育和发展劳务市场机制，建立健全职业介绍机构，积极组织劳务交流；同时要通过行政调配进行劳动力余缺调剂，使富余人员各得其所，更好地得到安置。

文件还指出：有些企业忽视基础工作，方法简单，工作不细，组合草率；有些企业缺乏约束手段，不坚持择优原则，组合随意性较大；有些企业甚至出现“亲化”、“派化”以及排斥女职工的现象，给优化劳动组合试点工作带来了不良影响。

---

① 钟朋荣．十年经济改革——历程·现状·问题·出路．郑州：河南人民出版社，1990．284～288.

② 注：该法规已被1994年11月11日《劳动部关于废止部分劳动规章及其他规范性文件的通知》废止。原因：适应当时情况，自行失效。

上述现象，我们在企业内都遇到过，当时有些职工还愤愤不平。

“在当前社会劳动力调节机制和社会保险体系尚不健全的情况下”，企业的富余人员只能在“企业内部消化”，不能推向社会，应该是当时最可行的制度安排。但是这个文件的寿命不长，因为接下来有着改革力度更大的安排，叫作“破三铁”或者“砸三铁”。这样，就由优化劳动组合这一职工内部之间的流动逐步扩展到外部社会，形成了又一波职工流动。

1992 年 1 月 25 日，劳动部、国务院生产办公室、国家体改委、人事部、全国总工会联合发出《关于深化企业劳动人事、工资分配、社会保险制度改革的意见》（以下简称《意见》）。《意见》指出：中共十一届三中全会以来，企业劳动人事、工资分配、社会保险制度改革取得了一定成效，但从整体上看，企业内部“铁交椅”、“铁饭碗”和“铁工资”的弊端没有完全破除，影响了职工主人翁责任感和积极性的充分发挥。深化企业劳动人事、工资分配和社会保险制度改革，在企业内部真正形成“干部能上能下、职工能进能出、工资能升能降”的机制，成为当前转换企业经营机制的重要任务。由此，“铁交椅”、“铁饭碗”和“铁工资”的称谓，由政府部门以文件的形式正式发表出来。

1992 年 2 月 19 日，《国务院批转国家体改委〈关于一九九二年经济体制改革要点〉的通知》指出：当前，最重要的是打破两个“大锅饭”，逐步建立自负盈亏的机制和能高能低的内部分配制度；打破“铁饭碗”，建立能进能出的劳动用工制度；打破“铁交椅”，建立能上能下的干部管理制度；建立企业内部分配和建设投资的约束机制，不断完善激励机制和监督机制。所谓两个“大锅饭”，指的是企业吃国家的大锅饭、职工吃企业的大锅饭。如何打破职工吃企业的大锅饭，文件指出的手段是明确的，即“建立能进能出的劳动用工制度”打破“铁饭碗”；建立能上能下的干部管理制度打破“铁交椅”。前述文件的“工资能升能降”则表明了“铁工资”将被打破。

在上述两个文件的指导下，企业的改革从优化劳动组合转向了“砸三铁”的尝试。如果说优化劳动组合是在企业内部的改革，即在企业内形成就业和待业两个群体，富余职工仍然由原企业包下来安置的话，那么“砸三铁”就标志着职工的“铁饭碗”可能丢失，对于一些职工来说，这会是致命一击。对于领导来说，也不是轻易能够下得了手的。因此，当时有媒体甚至提出要用“铁心肠”、“铁手腕”、“铁办法”的三铁来“砸三铁”。

三、"一包就灵"引入工业的失灵

在多数相关论著中都将国有企业改革划分为三个阶段，即扩权让利、承包制、转机建制阶段；也有划分为放权让利、承包制、公司化三个阶段的。

扩权让利阶段，主要是扩大企业经营自主权，实行利润留成，增强企业活力，推动企业走向市场。"从50年代开始，我们就在给地方一部分权利的同时，向企业让权让利。在《论十大关系》中，对改善中央与地方关系和适当扩大企业自主权，做了明确的阐述。70年代开始的改革，又重以'扩权让利'为起点。

"国有企业改革为什么以'扩权让利'为起始？回答很简单，一方面高度集中的计划体制，计划一直管到企业，国家统负盈亏确实把企业管死了，适当扩大企业自主权，给企业留有一定的余利，会在一定程度上增加企业的活力；另一方面，这是在不改变原有体制条件下所能进行的最可行的改革。因为不改不行，改又必须在原有体制的框架之内，这样就只有选择'扩权让利'来松动制度约束。……

"这样，1981—1982年，又重点试行了经济责任制，开始把给企业'扩权'与'定责'结合起来，实际上带有初步的承包性质。到1981年底，全国县属以上国有企业中，实行经济责任制的占65%。"①

放权让利的过程大致是这样的：1978年10月，国家首先在四川重庆钢铁公司、成都无缝钢管厂、宁江机械厂、四川化工厂等六家国有企业开始改革的试点工作。到1979年初，四川省的改革试点企业扩大到100家，并制定了14条扩大企业自主权的办法。其主要内容包括：在完成国家计划的前提下，允许企业增产市场需要的产品，允许企业销售商业、物资、供销部门不收购的产品；在增产增收的基础上，企业可以按工资总额和计划利润指标进行利润留成，职工可以得到相应的奖金；折旧基金企业由40%提高到60%；流动资金试行全额信贷。在以上试点工作取得了一定效果的基础上，1979年5月，国家有关部门又在京、津、沪等地选择一些企业扩大了试点范围。到1979年底，全国扩权试点企业已增加到4200家，到1980年又发展到6600家。这些企业占全国预算内工业企业总数的16%。

---

① 付卡佳，白津夫．迈向21世纪：中国股份制．北京：中国工商出版社，1998. 217～218.

通过这些改革，企业利润分配由过去的企业基金制度改成利润留成制度，使企业可以支配的资金与经营成果挂起钩来。为了加强对扩权试点工作的指导，1979 年 7 月国务院颁布了《关于扩大国营企业经营管理自主权的若干规定》、《关于国营企业实行利润留成的规定》、《关于提高国营工业企业固定资产折旧率和改进折旧费使用办法的暂行规定》、《关于开征国营工业企业固定资产税的暂行规定》、《关于国营工业企业实行流动资产全额信贷的暂行规定》等 5 个文件。1984 年 5 月，国务院又在总结前几年扩权试点工作经验的基础上，颁布了《关于进一步扩大国营工业企业自主权的暂行规定》。在生产经营计划、产品销售、产品价格、物资选购、资金使用、资产处理、机构设置、劳动人事、工资奖金等 10 个方面，进一步扩大了企业自主权。企业自主权的扩大，初步改变了企业只按国家计划生产，不了解市场需要，不关心产品销路，不关心盈利亏损的状况，开始树立起经营观念和市场竞争意识，使企业活力得到初步提高。

国有企业“开始树立起经营观念和市场竞争意识”，大概是在 1979 年以后，一个标志性事件是此前的企业大都叫供销科，即供应与销售是合二为一的，以后却陆续地将供销科一分为二，分别组建了供应科与销售科。我的不少同事因此获得了相应职位，在后来企业垮台后他们得以“再生”，因为他们已经有了自己的销售网络，替谁做都是做，有的人做同一产品或者不同产品的多家企业，他们自己只管拿销售提成。我自己也曾经在 1980 年到销售科工作过半年，因为销售员出去推销产品，有时需要解答技术问题，作售后服务，因此就捎带上了我。那时候还没有“回扣”，对求人的场景我倒是记忆犹新。

在这个初步的改革中，核心内容是推行经济责任制。经济责任制是以提高经济效益为目的，把责、权、利紧密结合起来的生产经营管理制度。国家对企业实行经济责任制在分配方面主要有三种类型：一是利润留成；二是盈亏包干；三是以税代利，自负盈亏。根据不同企业的具体情况，分别采用不同形式：对增产增收潜力较大的企业，实行基数利润留成和增长利润留成；对生产正常，利润较稳定的企业，实行全额利润留成；对任务严重不足，利润下降的企业，实行超计划利润留成；对潜力较大的微利企业，实行利润包干；对亏损企业则实行亏损包干。

1981 年和 1982 年，全国的工业企业普遍推行了经济责任制。在企业内部，把每个岗位的责任、考核标准、经济效果同职工的收入挂钩，取得了较好的效果：调动了企业经营者和广大职工的积极性，改善了企业的经营管理，初步解决了长期以来企业吃国家“大锅饭”、职工吃企业“大锅饭”的平均主义问题，进一步改变了对企业统收统支、捆得过死的状态。经济责任制的推行，为工业企业在管理体制上的改革作了有益的探索。

在推行放权让利与经济责任制的过程中，国家施行了两步利改税的政策。从1980年开始，国家在400多个工业企业中进行“以税代利，独立核算，自负盈亏”的试点工作，并收到了较好的效果。1983年4月，国务院决定实行利改税的第一步，确立利税并存制度，即对企业获得的利润先征收一定比例的所得税和地方税，然后在国家和企业之间对税后利润采取多种形式的分配。从1983年6月开征国营企业所得税，根据规定，凡有盈利的国营大中型企业，其所实现的利润按55%的税率缴纳所得税，其税后利润，一部分上缴国家，一部分按照国家核定的标准留给企业。对上缴国家的部分，根据企业的不同情况，分别采取包干上缴、固定比例上缴、交纳调节税和定额包干上缴4种办法。第一步利改税实行后，国家与企业的分配关系体现了“国家得大头、企业得中头、个人得小头”的原则。1984年10月1日起实行第二次利改税。其基本内容是：将国营企业应当上缴国家财政的利润按11种税种向国家交税，税后利润归企业自己安排使用。具体办法是，国营大中型企业按55%的比例税率缴纳所得税，然后再按照企业的不同情况，征收调节税。对国营小型企业则按新的八级超额累进税率缴纳所得税。国有企业改革的这个阶段，一般被称为扩权让利阶段。

扩权让利阶段对职工影响最大的是“实行利润留成，企业有权自行安排使用利润留成建立的生产发展基金、集体福利基金和职工奖励基金”，这标志着企业恢复了奖金制度。随着奖金制度越来越深入人心，职工队伍中也开始初步“分化”，起初有些职工不太计较奖金，保留了“主人翁”的精神与传统；有些职工则斤斤计较。“工时”实际上是奖金，“拿多少钱干多少活”的现象逐步蔓延。这点我们在当时很有感受，为此我还写了一个短篇小说叫《你来我往》，此小说反映的就是这种情况。说是小说，实际上就是发生在我身边的真实事情。以下便是《你来我往》的原文①。

---

① 余信红．你来我往．江西工运，1984（7）．

你来我往

邵有才坐在他那张精巧的小旋椅上“盘点”，算来算去总不对头。他脚尖踮着地轻轻一转，小旋椅向右转了一百八十度，透过车间里的大小机床，他若有所思地望着窗外的梧桐树，一会儿，又低头看着手上那一叠沾满指纹，乌麻漆黑的小纸头，极力地思索着，回忆着一个月来的日日夜夜，捕捉着每个分分秒秒。然后脚尖再一踮，小旋椅又向右转了一百八十度，转回了原处。他的身子却上升了五毫米，这是因为屁股下面那对换下来的走刀丝杆已经转了一圈的缘故。

邵有才拉开工具箱的两只抽斗，翻了好半天，当他确信里边确实没有这样的小纸头以后，便开始再点一遍手上的那叠小纸头，他不时地把大拇指在舌头上蘸一下，以至于弄得舌尖发黑。其实，他的这些工作单已经按照日期排列好了，11 月 1 号、11 月 2 号、11 月 3 号、11 月 4 号……可惜上面的成果并不辉煌：车发蓝盘一只 2 小时；加工锥销 4 只，每只 15 分；还有什么轴承盖倒角 10 分钟。才 10 分钟，亏得调度开得出手，若不是找他要的话，连这十分钟也就糊过去了吧。

“啪”的一声，一把扳手敲在了工具箱上，把个老邵吓了一大跳。

“哎呀呀，赚这么多呀！算都算不清楚了。”

老邵踢了来人一脚，以泄吃了一惊之愤。

“赚个屁，这个月还亏了一大截，一百六十才拿基本奖，我这里只一百三十四个小时呢。喂，我说疤子，你怎么就回来啦？你探亲假不是要到下个月嘛？”

被称为疤子的放下肩上一根断了的轴和一节棒料说：“别说这些了。来来！快点帮我把这根轴车一下，就照实物车好了。”

老邵脚下一点，小椅子又旋了一百八十度。他看了看脚下的东西，摆摆手说：“不车了，不车了！今天都二十九号了，再车这个月也没有奖金了。”

“哎呀，何必呢？我知道这点忙你还是肯帮的嘛！”疤子一手拉起邵有才，一手摸出支烟塞在他嘴里。

老邵把脚搁在车床的铁盘子上，点着烟说：“你瞎起个什么劲？你这个月请了探亲假，还想有奖金呀？”

疤子一边把拖板摇开，把料塞在车床的卡盘里，一边说：“快点儿吧，下班以前要能车好才行，人家等着用的呢。”

老邵伸手拦住疤子，放下脸说："不车，车了你给我奖金呀？"

疤子先是一愣，然后又搂住老邵的肩膀笑嘻嘻地说："你不是晓得我没有奖金？有的话，保险请客，'龙泉酒家'、'王润兴'都行。来嘛来嘛，车好我就去装，剪板机上的，人家等着下料的哩。"

老邵不肯松口，又拿起一把毛刷，打扫起机床来了。疤子在旁边急得抓耳挠腮。一会儿，他又笑眯眯地缠住邵有才："才哩，我们两个人这点交情没有啊？你帮我车好，晚上笃定请客。我从家里带了点吃的，下了班就到我宿舍！"

"什么？"

"花生。"

"花生什么好东西，我就知道你们那乡下出不起什么好吃的。"

"保有你吃的，还有好几样呢。"

疤子边说边将棒料夹紧。

"有酒不？"邵有才得寸进尺。

"有。"疤子拉过尾架。

"什么酒？"

疤子想了一下，"四特！"

"好！一言为定。"

"说话不算数就不是疤子。"

疤子不愧是"疤子"。下班以后，他果真把老邵拖到宿舍。疤子拿出花生放在床上，招呼老邵坐下，说去打点饭。回来时饭碗的上面又托了两只碗：有炒肚片、炒肉丝，还有几样从食堂打的菜。疤子将饭菜摆放在一张方凳上，转身又"咚咚咚"跑出去了。一会，果真提了一瓶四特酒来。可是老邵不好意思了："你不是讲家里带来的，你怎么到小吃部去炒菜哟？"

"吃嘛，吃嘛。"

说着，疤子给老邵在茶缸里斟上了半杯四特酒，自己端起一碗饭。老邵坐在床沿上扭扭捏捏不肯端杯。

"哟，什么时候老邵还学会做客啦？我先喝一口，不会喝。"

疤子喝了一口递给老邵，老邵几口酒下肚，气色也就自然了。一会儿，疤子吃完了饭，对老邵说："你一个人慢慢吃，我去把剪床装起来，要不明天整个车间都没有料了。吃醉了你就先睡在我这里，等我回来再送你回去，不然的话，你老婆明天准要把我骂死。"

房间里只剩下老邵，他慢慢地喝来喝去，只觉得喝不出那个“四种特点”的味来。正在这时，门“哑——”的一声被推开了。

“哟，老邵？是你在这里呀!”

进来的是与疤子一个房间的小高。小高一看方凳上的四特酒，不管三七二十一，拿起来就咕咕地灌一大口，然后抓起一把花生，“哟，今天老邵请客啦？难得嘛。”

老邵有点醉意地说：“我他妈哪有钱请客？这个月奖金一分都没有！是疤子请客。”

“疤子买的？”小高慢慢地放下手中的花生，说：“疤子有什么喜事呀？人家老婆都住院了，是回来借钱的呀。”

老邵愣住了，两眼木然地望着凳子上的酒菜。

“一定是你敲人家什么毛竹杆了吧，疤子人呢？”小高问道。

“哎呀呀，不知道不知道。疤子到车间去了。咳，唔，真是的……”

老邵像是吃到了烂花生似的，连吐了两口。“我要去帮一下疤子。”说着，他拉开门，有点踉跄地朝厂区走去。

1987年以后，一般被称为承包制阶段。1986年12月，国务院提出，要推行多种形式的经营承包责任制，给经营者以充分的经营自主权。当然，文件中所谓的“推行”，也就是此前中央企业如首钢以及许多地方都有试点或者已经实行了。1987年3月，全国人民代表大会通过的政府工作报告明确提出：1987年工作重点是完善企业经营机制，实行多种形式的承包经营责任制。1988年2月27日，国务院发布《全民所有制工业企业承包经营责任制暂行条例》，文件指出，制定并发布这一条例的目的是：发展和完善全民所有制工业企业承包经营责任制，转变企业经营机制，增强企业活力，提高经济效益。1988年2月27日，国务院批转国家体改委提出的《1988年深化经济体制改革的总体方案》指出：按照发展社会主义商品经济的总目标，以落实和完善企业承包经营责任制，深化企业经营机制改革为重点；同时，改革计划、投资、物资、外贸、金融、财税体制和住房制度，加强对固定资产投资、消费基金和物价的管理，更好地促进国民经济持续稳定地增长。

到1987年底，全国实行各种承包经营的国营大中型工业企业已达到82%；国营大中型商业企业也达到60%以上。到1990年第一期承包结束时，全国有93%的全民所有制企业实行了承包经营责任制。该年，第一轮承包到期的预算内工业企业有3.3万多户，占承包企业总数的90%。接着又开始了第二轮承包。

“承包制全面推行后果然不负众望。仅仅两个月，就一举扭转了全国工业企业实现利润22个月下滑的局面，当年即增加财政收入60多亿元。到1988年底，即全面推行承包责任制20个月，全国预算内工业企业增创利税369亿元，相当于1981年到1986年间企业所创利税的总和。当初亿万农民屡试不爽的‘一包就灵’的灵丹妙药，在千千万万个城市企业中又一次得到应验。”①

“承包制以承包经营合同的方式，确定了国家与企业的责、权、利关系，一般是按照合同规定，包死基数，确保上缴，超收多留，歉收自补的原则进行。承包制的推行，不仅使企业改革有了重大突破，而且工业企业的经济效益有了明显提高，很快扭转了工业企业利润率连续下滑的局面。1987年实现利税比1986年增长9.9%，上缴利税比1986年增长6.7%。到1989年底，全民所有制独立核算工业企业90%以上实行了各种形式的承包责任制。从全国当时的情况看，承包制搞得好的企业，企业和职工的积极性高，生产发展得快，工资能同经济效益挂钩，职工收入也明显增加。但是，与此同时，承包制也逐渐显露了它的‘短期行为’和‘负盈不负亏’的缺陷。”②

承包制改革的基本思路是所有权与经营权适当分离，明确企业是相对独立的商品生产者和经营者。政府有关部门同国有企业一对一地协商谈判，确定每年上缴利润的递增速度、比例或绝对数，然后实行“包死基数，保证上缴，超收多留，欠收自负”。最普遍的承包形式是“两保一挂”，即保上缴利税，保企业技改，企业工资总额与上缴利税按一定比例（一般为1∶0.3～1∶0.7，即上缴税利每增长1%，工资总额就增长0.3%～0.7%）挂钩。承包制经过的历程大致是：滚动承包—部分全员承包—全员承包—全员资产承包。全员承包是承包制发展的鼎盛时期，讲求“横向到边，纵向到底”；全员资产承包是承包制发展的最高和最后阶段。

承包制的致命缺陷是“短期行为”和“负盈不负亏”，因此也决定了承包制本身是“短期”的。所谓“一包就灵”引入工业建设只能是昙花一现，因此，承包制引入城市尤其是工业是失灵的。有相当多的论著均指出

① 章迪诚．中国国有企业改革编年史．北京：中国工人出版社，2006.177.

② 王询，于秋华．中国近现代经济史．大连：东北财经大学出版社，2004.300.

了这个问题：

第一，承包制有重大的缺陷，使许多国有企业包括大中型企业陷于困境。

“从扩大经营自主权到承包制的放权让利改革，使国有企业开始有了一定的活力。但是，承包制也有重大的缺陷。承包制‘一对一’式的谈判强化了政企不分，只有激励没有约束；所有权和经营权分离了，但所有者缺位，所有者不能约束经营者。经营者滥用经营自主权谋取私利或小集团利益，普遍出现‘内部人控制’和短期行为，以致不少企业承包一轮，国有资产流失一轮，富了和尚穷了庙，后果严重。由于承包制不能促进国有企业适应市场经济的发展，相反却造成国有资产的流失，使许多国有企业，包括大中型企业陷于困境。”①

国有企业陷于困境开始于什么时候？从效益下滑的情况来看应该是始于承包制。“效益问题，我国的国营企业曾经有过效益良好的辉煌历史。1957 年国营工业独立核算企业的资金利税率曾达 34.7%，在过去几十年间，为国家的社会主义建设积累了大量资金。这比西方国家私有制企业的效益要好得多。根据美国《幸福》杂志 1998 年 8 月 4 日资料计算，1997 年世界 500 强的资金利税率只有 1.32%。我国的国有企业只是改革开放以来，效益才不断下降，1978 年资金利税率为 24.2%，1988 年下降为 20.6%，1997 年进一步下降为 6.3%。这主要是由于企业初期实行承包制改革，以包代管，管理混乱，干部贪污腐化，工人劳动纪律松弛，损失浪费严重等等；后期有的改革又背离了正确方向，效益当然好不了。”②“改革开放后，国企效率滑坡了，职工的收入减少了，经济、社会地位有所降低，但从就业变为失业，其收入会大幅度下降，对其影响很大。”③

第二，“短期行为”和“负盈不负亏”普遍存在。

承包本身并没有彻底解决政企不分的问题，也不能有效地杜绝政府对企业的行政干预。承包指标不规范，讨价还价在所难免，而企业间的苦乐不均又破坏了平等竞争。由于国家向企业让利偏大，造成财政收入的弹性下降。“在大多数情况下，承包制都引起了企业所得税一定程度的递减。”加之承包者的短期行为，只注重本届的“确保上缴”，不考虑企业的长远

---

① 张卓元，郑海航．中国国有企业改革 30 年回顾与展望．北京：人民出版社，2008. 2.

② 刘日新．新中国经济建设简史．北京：中央文献出版社，2006. 343.

③ 赵曼，杨海文．21 世纪中国劳动就业与社会保障制度研究．北京：人民出版社，2007. 3.

发展，往往拼厂房、拼设备、拼资金、少投入，使企业后续发展无力，对生产发展的作用十分有限。在企业留利中相当一部分转化成消费资金或用于满足职工的福利最大化要求。这又大大损害了国家财政收入基础，对企业的长期发展损害也很大。而职工对企业资产也不承担责任，“人人有份，人人不管”，大家的东西大家拿，乱抓乱挖的现象普遍存在。对国家的资产“每天挖山不止”，出现了干什么的家里不缺什么的现象。因此，承包者的“短期行为”必然导致承包制的“短期”效应。

第三，承包制将企业命运寄托在一个人身上风险很大，承包人做得不成功，企业就会完蛋。

当时的媒体经常登一些“一个能人救活一个企业”的故事，并且以此来制造“一包就灵”的神话，很多职工也为“一个能人救活一个企业”而欢欣鼓舞。但是他们忽视了一个重要问题，就是如果企业摊上了一个“坏人”、“庸人”、“懒人”呢？其结果只能是搞糟、搞乱、搞垮一个企业。因为“党委领导下的厂长负责制”毕竟还有一个“集体”负责的制度约束与监督。其实，当时就曾经有人提出批评说，“如果企业摊上一个混账厂长，那么这家企业就会完蛋”。可是在当时，这样的声音微乎其微。而实际上，不少国企的许多困难都是几任承包者积累起来的，以至于积重难返，最后倒霉的只能是职工们了。

试想，以农村曾经成功过的模式，以安徽凤阳小岗村农民创造的农业生产承包方式，以那种思维来引导高度社会化的大生产、引导中国工业革命与工业化，何以不会“失灵”呢！当然，这都是马后炮，是过了20多年以后才看得稍微清楚一点。

第四，层层承包使职工雇佣意识大大增强。

层层承包引起了职工思想上的重大变化，职工的主人翁意识淡化，雇佣意识明显增强。这种情况研究企业改革的著作因为不是亲身经历或者生活在职工中间，一般是不会知道的。

层层承包使职工开始意识到：自己已经不是像以前所认识的那样在为国家、集体工作了，而是为一层层的承包人干活，所以在报酬上必须斤斤计较，给一份钱才干一份活，拿多少钱就干多少事。这种情况在农村的承包责任制中是没有出现的，农村初期的承包口号是“交够国家的，留足集体的，剩下的都是自己的”。因此，对农民来说承包就是为自己而包、为自己干活，“主人翁”意识反而增强。实行承包制以前，不少工业企业在农忙的时候是要去支农的，以体现工业支援农业、工农一家亲，例如抢收抢种的“双抢”季节，各工业企业就会派出庞大的队伍下乡支农。后来农村实行承包制以后，这种支农活动就取消了。每当工人们议论到这个问题时，就会说：“以前支农是为集体，今天都分田到户了，是支援个人，我们还支什么农啊？”

工人的雇佣意识明显增强这一情况，是一种思想观念上的变化或者说“预期”，不在其中生产、生活或者不懂技术的人是体会不到的。其结果就是：层层承包的部门或者职工都在尽可能地降低产品质量，而不是尽可能地提高产品质量。因为，承包制的制度设计本身已经清楚地告诉人们，工人再也不是什么“主人翁”，生产目的既不是为“自己”也不是为集体、国家，是为上一个承包人。

当然，这也与当时全社会的强力舆论引导有关。当时，“时间就是金钱”观念早已深入人心，为了节约时间（金钱），必须尽可能地提高产品数量而不是提高产品质量，以获取更多的劳动报酬。而节约时间的最便捷方法就是尽可能降低产品质量。当然，生产不合格产品是通不过质量考核的。如何才能提高产品数量而又使质量通过呢？这就是“60 分万岁”。需要解释的是：如果按照及格、良好、优秀来测量成品质量的话，那就将自己的工序或零部件只做成及格（合格）而不做成优秀；如果按照百分制的话就是 60 分万岁而不取 100 分。须知，在 60 分至 100 分之间有着 40 分的巨大差别，如果各个工艺、工序到零件、部件、加工、装配、出厂都采取这样的工作方法，势必会降低产品的整体质量。这就叫工业化、社会化的生产，是众多人协作的结果，与农村一家一户的生产单位是完全不一样的，因为任何一项产品——商品都不会出自一个人之手。

这样做的根据是“公差”，这在大学机械制造专业里是一门重要的专业课程。什么是“公差”？简单地说，任何产品的加工与制作，都是有误差范围的，控制在一定的正负值范围之内。那么，是在“公差”的中间还是在它的上边或下边，其质量结果是不一样的。如果大家都把成品加工到中间值的话，成品质量就高；反之，把每个工序的误差全部累积起来，产品的质量就会大打折扣。但是，要达到“公差”的中间值就会使生产速度放慢，要最大程度地提高质量必然会减少数量。越快越好只能是理想状态。而且，有相当多的工作结果是不能用度量单位来衡量的，如设备安装、修理、油漆、钣金、电器装配等等，只能靠职工的责任感或者说“良心”。

1987 年，我“升格”为“以工代干”（从 1985 年“以工代干”身份就被宣布不再正式“转干”，只是工作需要而已），被调到厂里的全面质量管理办公室工作，在此期间，我目睹了承包制造成的产品质量下降的情况，根据自己长期在车间里对工人们的了解，我写了一篇题目为“行为科学与质量意识”的论文，并携该文参加了1988年的省质量管理协会年会，该文在会上大受好评。会议出版了论文集，因此文章得以保存。对反映上述当时的情况来说这是第一手资料，真实可靠。现全文录之于下：

行为科学与质量意识

产品质量是企业在社会主义商品经济竞争条件下立于不败之地的前提。因此，运用行为科学原理强化企业全员的质量意识是值得我们认真研究的一个课题。

一、质量意识与产品质量的关系

什么是质量意识？简单地说，就是人们搞好质量管理的内在的愿望和态度。质量意识是人们的一种心理活动，这种心理通过生产活动显示出来，物化在劳动对象（产品）上或体现为优质的工作。质量意识越强，产品（工作）质量必然越高。我们知道，在影响产品质量的五大因素（人、机、料、法、环）中，人的因素是排在首位占有重要地位的，其他几个因素都必须由人去支配、掌握、创造和改善，离开了人，就算其他因素的条件和组合状态再好，也无济于事。然而，人的行为是由人的意识支配的，缺乏自觉的意识，人们最多就只能是生产合格产品，不会主动地想方设法去更好地提高产品质量，甚至不顾降低产品质量去追求产品数量。因此，掌握了一定劳动（管理）技能的人，除客观条件外（如身体素质、天资等），由其动机所决定的质量意识的强弱，便决定了工作质量的好坏，并成为最终决定产品质量水平的主导因素。因此，我们进行质量管理，提高产品质量时，首先要注重强化人们的质量意识。

例如，在我国汽车行业已经有了较好基础的情况下，国营企业中不少汽车厂或配套厂家无论是在技术人员或设备方面都有较强的优势，而作为乡镇企业当时在国内条件尚差的杭州万向节厂却脱颖而出，拿走金牌。这正是他们在激烈的竞争形势下，强化质量意识，以产品质量取胜的结果。

毫无疑问，质量意识的加强会有力地促进产品质量的提高，开创质量管理的新局面。同时，产品质量的提高，企业职工得益增多，在客观上又会进一步促进人们的质量意识的强化，从而形成一个积极的良性循环。因此说，质量意识和产品质量是相互联系、相互促进的。

这里，我们分析一下质量意识对个体（人）的工作情绪的影响：

积极。我们知道，人们的态度是由三个因素所组成的，即认知因素（知）、情感因素（情）、行为因素（意）。知，即人们对事物的感受，了解与否；情，即人们对事物表现出的一种特殊的心理反映，它建立在“知”的基础上，以喜好或热衷的程度体现出来；意，即人们对事物表现出来的行为。“知”和“情”的程度越深，“意”的表现越积极。因此，“知”是“情”和“意”的基础；“情”是“知”的深化，是“意”的动力；“意”则是“知”和“情”的外在表现。同样，对待质量的态度也是由这三种因素所组成的。只有当人们对这三种因素都处在良好的结合状态之下，即对质量有充足的认识、有喜好的情感，并准备作出最佳的努力，这个时候对质量的反映才是积极的，也是质量意识的最佳状态。

消极。如果人们在知、情、意三个方面没有处在良好的结合状态或受到某种压抑，且又处在种种惩罚（例如扣工资、奖金）的情况下，人们便会产生一种消极的情绪，此时的行为不是自觉地提高产品质量，而是满足于产品合格就行或以应付交货为主。

对抗。当认知产生反感，人们产生了厌恶情绪，比如意识到分配的不公平，感受到被人压榨等，此时便会对质量产生一种对抗情绪，想方设法糊弄敷衍，以应付甚至蒙骗为主，即使此时查验的产品质量达到60分的合格水平，也难免会掺和着很多水分。

从上述分析可以看出，人们对质量的态度，即人们所说的质量意识必然对人的工作情绪产生不同的影响，由此，工作质量的水平、产品质量的结果也不相同。

二、运用行为科学的理论，提高职工的质量意识

对待质量的不同态度会产生不同的工作情绪，并必然由此产生出人们对产品质量和质量工作的不同行为。在长期的思想教育工作中，我们注意了对职工的“四有”教育、主人翁意识的教育，以及国家、集体、个人三者利益之间关系的教育。这些，对提高职工的质量意识无疑是有着重要作用的，但是在如何提高质量意识的方法论上似乎研究得还不够，如何达到使职工在对待质量的态度上处以最积极的状态也亟须质量管理者探讨。

把行为科学的原理用于质量管理，运用行为科学的理论、方法来培养职工的质量情感、提高职工的质量意识，是很有意义的。

行为科学认为：“动机是行为的本源，人的行为是由动机决定的，而

动机则由需要产生。”美国心理学家马斯洛的“需要层次论”把人的动机结构分成5个等级：生理需要、安全需要、爱的需要、尊重的需要、自我实现的需要。他认为人的需要是行为的基础，是由低级向高级发展的，不同的人有不同的需要，同一个人在不同的条件下有不同的需要，应该从需要出发研究人的行为。要加强职工的质量意识，使之产生提高产品质量的动机，并形成自觉的行动。首先必须从关心职工的基本需要入手，创造条件尽可能地满足他们的衣、食、住、行、子女教育等各种需求，解除其后顾之忧，才能使职工向高层次的需要追求，在劳动创造中，尽其所能地提高产品质量，在自我价值的实现中得到精神上的满足。

如何进一步增强职工的质量意识？赫茨伯格的“双因素理论”认为，要防止职工的不满意情绪，使之安于生产（“保健因素”）；要尽量使职工满意，激发他们的积极性（“激励因素”）。佛隆的“期望理论”也认为，人的期望是激励人的行为达到目标的动力。因此，必须改进企业管理（尤其是对人的管理）。合理的劳动分配，建立积极的激励机制，消除职工的不满意情绪，帮助职工达到他们的期望，充分调动职工的积极性，才能使整个企业形成良好的质量意识。

在长期的质量管理实践中，我们还发现，因为每个人的思想觉悟、道德水平不同，人们对待满足个人需要的认识也是不相同的。有的人高兴时做的活比谁都绝，不高兴时却非常糟；有些人被扣了奖金火冒三丈，有些人却根本不在乎；有些人讲究实惠，有些人注重名誉；有些人喜欢参与管理，发表成果；有些人脑筋活络能说会道，对这些却根本不感兴趣……在进行质量奖惩时，罚的一方（如质量、检验、劳资等部门）经常会碰钉子、得罪人，也难免不手下留情；被罚的一方（如部门、个人）则脸红耳赤，满肚子委屈和怨气，甚至产生对立情绪。这里边，有加强质量意识教育方面的问题，有承包中质量与工资、奖金如何挂钩的问题，也有管理体制、管理方法等问题。

人们的社会存在决定人们的意识。职工生活在社会中，社会现实也影响着职工的思想。作为复杂社会系统的成员，不但会有追求经济收入的需要，同时也会有社会、精神的需要；他们不仅追求友情、尊严、公平、自我表现，同时也具有反感、阻挠、从众等行为。因此，在加强质量管理、提高质量意识的问题上，我们应该运用行为科学的理论，根据不同时期、不同对象以引导动机为主，增强职工的质量意识，从而达到提高产品质量的目的。

(1) 提高质量意识的教育要从人的心理、特点出发，加强质量意识教育。首先要使职工对质量的态度有赞成和喜好的倾向，并努力使人们在知、情、意三者处于良好结合的积极状态。因此，除了创造良好的客观环境，比如创造良好的人际关系、增强企业的凝聚力以外，还要从人们的心理方面、性格方面加强引导，这无疑也是一项细致的思想工作。例如：有的职工干活细致、质量好，但速度较慢，而有的职工干活风风火火，速度快，却比较粗糙，就应该根据他们的不同特点安排工作（而不是工种）。这样，既保留了他们各自的风格，提高了工作兴趣，又能满足人们自我表现的要求，保证产品质量。有些人注重声誉，则给他们以技术上难度较高的“绝活”；有些人讲究实惠，则安排他们多做些产品；有些人喜欢为生产、技术质量等问题发表意见，则千万不要挫伤他们的积极性；有的同志自尊心极强，则最好不要把他们的“废品”或扣罚公之于众。此外，其他激励因素也很重要，可以通过表扬、奖赏、参与、竞赛、考试等方式增强职工对质量的认识和喜好情感，从而达到提高人的认识、调动积极性的目的。目前，我们在对职工的质量教育的形式上，基本上还是沿用传统的“灌输”方法，用培训多少小时、受教育面（听课者）多少加以考核，这是很不够的。提高质量意识要根据职工的心理特点，使之变成看得见摸得着的东西，不仅仅是“质量第一”的大课。

(2) 在“奖罚分明”的管理办法中，应该以激励为主，运用经济杠杆更好地为提高产品质量服务。在企业的经济责任制承包形式中，与经济利益相挂钩的常用的方法是“奖罚分明”，体现在质量上是干得好的奖，干得差的罚。但是在具体的工作实践中，奖是皆大欢喜，罚则常常会碰到这样那样的问题，甚至产生冲突，造成前面所谈到的对抗情绪。冲突的产生，当然有管理者和被管理者在认识上的差距，也有团体间利益上的矛盾，以及信息沟通障碍、体制上的缺陷等等。这里，主要谈谈在劳动分配中更多地采取有利于促进和提高质量内容的承包责任制形式。运用激励论的理论，我们应更多地采取以激励为主，尤其提倡集体奖励、调动职工的积极性。例如我们在奖金分配的时候，应该“以奖代罚”、“以奖为主”。因为惩罚不仅会引起怨恨、不满等情绪，而且惩罚只能是暂时地抑制行为，而不能永久地改变行为。怎样“以奖代罚”呢？就是说把质量的优劣尽量与奖的形式挂起钩来，不用或少用罚的形式。另外，如果把做出60分（合格）产品量的奖金移一部分用于实现100分（优秀）产品的目标，产品的质量水平是会有较大提高的。在经济承包时，我们可以将部分工资、奖金事先提取出来，作为质量科目另设，并作为承包的一个重要内容。优秀的质量发得多，合格的质量发得少，不合格的没有，只有对造成较大损失的才罚。这样质量在承包中占据重要的位置和分量，这样的质量奖罚得以充分而有效地运用，就好像人们在没有完成数量任务的情形下一样，心甘情愿地少拿钱。以奖代罚，实乃奖中有罚，但是人们的心理承受能力是不一样的。对比“奖罚分明”的方式，“以奖代罚”不仅能够达到干好干差不一样的目的，又不至于过分地伤害人的自尊心和荣誉感。这样做可以减少不利因素，又有助于推动人们在完成相同产品数量的情况下为实现自我或获取更高的质量奖金（工资）而努力提高产品质量。

（3）修正行为，根据不同对象、不同时期的需要转换管理重点。行为的结果，对人的行为具有强化作用。凡是能使行为得到加强或重复出现的刺激叫正强化；能使消极行为削弱而增强积极行为的刺激叫负强化。一般来说，人们对工作结果的期望是好的方面，希望得到承认、赞赏、奖励。我们要求这种刺激具有增强质量意识调动积极行为的作用，即起到正强化的作用。当然，强化刺激不仅是奖金等物质需要。例如，有的企业经济效益好，职工的收入不断增加，当物质需要渐渐降位，对精神生活的追求则上升到第一位的需要，这个时候，作为企业的管理者，就应该抓住这个变化，转换管理重点。比如从抓改善职工福利为重点转而抓精神文明，从重点抓生产管理转而抓改善工作环境，以满足职工的精神需要来加强管理。总之，要影响或修正职工的行为，使之增强质量意识，就要区别不同对象、不同时期人们的不同需要，采用不同的强化刺激方法，适时地转换管理重点。

论文当时就指出了实行承包制以后，企业中比较普遍地出现了产品质量下降的现象。但是对以质量为生命线的企业来说，这是一个生死攸关的问题。承包制为企业的产品质量埋下了重大隐患，从而为企业的命运埋下了炸弹，这可能是制度设计者所不曾料及的。有数据为证：“近年来，国有企业亏损增加很快，净盈利逐年减少。亏损企业亏损总额占盈利企业盈利总额的比重，1985 年为 4.2%，1995 年上升为 43.9%。1996 年 1—4 月和 1997 年 1—3 月甚至出现了亏损/盈利比例超过 100%，整个国有工业净亏损的严重情况。”①

---

① 孙健. 20 世纪的中国——走向现代化的历程. 北京：人民出版社. 2010. 521.

从时间点上看，国有企业效益逐渐下降，以至于最后陷入困境并提出三年脱困，就是从承包制开始的，尤其是第二轮承包以后。因此，所谓“一包就灵”其实是不灵的。

四、最后一搏——转换经营机制

1992年6月30日，国务院第106次常务会议通过《全民所有制工业企业转换经营机制条例》（以下简称《条例》），7月23日，国务院予以发布。同年9月28日，中共中央、国务院发出《关于认真贯彻执行〈全民所有制工业企业转换经营机制条例〉的通知》，赋予企业14项经营自主权，并指出，企业改革的关键是转换企业经营机制，转换企业经营机制的重点是落实企业经营自主权。《条例》提出，企业转换经营机制的目标是：使企业适应市场的要求，成为依法自主经营、自负盈亏、自我发展、自我约束的商品生产和经营单位，成为独立享有民事权利和承担民事义务的企业法人。对于企业转换经营机制的原则、企业经营权、企业自负盈亏的责任、企业的变更和终止、企业和政府的关系、法律责任等都作了明确的规定。同年8月3日至7日，全国转换企业经营机制工作会议召开。会议传达了江泽民的重要批示：通过多年来的实践说明，搞好国有大中型企业并非易事。但必须坚决把这件事办好。在当前学习、贯彻邓小平同志南方重要谈话精神的大好形势下，国务院制定了这一条例。务望各级党政部门继续解放思想，转变政府职能，真正把企业的自主权落实好。

1992年10月，在党的十四大政治报告中，特别提出了转换企业经营机制的任务。报告指出，建立社会主义市场经济体制，要认真抓好几个相互联系的重要环节：转换国有企业特别是大中型企业的经营机制，把企业推向市场，增强它们的活力，提高它们的素质。这是建立社会主义市场经济体制的中心环节，是巩固社会主义制度和发挥社会主义优越性的关键所在。通过理顺产权关系，实行政企分开，落实企业自主权，使企业真正成为自主经营、自负盈亏、自我发展、自我约束的法人实体和市场竞争的主体，并承担国有资产保值增值的责任。当前实行的经营承包制应当进一步完善。股份制有利于促进政企分开、转换企业经营机制和积聚社会资金，要积极试点，总结经验，抓紧制定和落实有关法规，使之有秩序地健康发展。报告还提出，鼓励有条件的企业联合、兼并，合理组建企业集团。国有小型企业，有些可以出租或出售给集体或个人经营。

由党的全国代表大会提出转换国有企业经营机制的任务，并且作为“建立社会主义市场经济体制的中心环节”，这说明，当时党中央以及中央领导寄予转换国有企业经营机制以很大希望。这里，我们只要考证一下这个《条例》的出台过程，即可以想见。

1991 年，朱镕基出任国务院副总理，同时兼国务院生产办公室主任、党组书记，兼国务院经济贸易办公室主任、党组书记。主管范围包括工业、农业、金融等重要经济部门。刚刚主持国务院经济工作的朱镕基副总理，一开始就将最大的精力放在了国有企业的改革中，亲自主持制定了《全民所有制工业企业转换经营机制条例》。这个文件也开启了朱镕基从副总理到总理主持国企改革的十年之路。他在一次讲话中曾经说道：“怎样制定这个《条例》。我和陈锦华同志召开了一个会议，与有关部门一起商量了工作进度。我们的心情和大家是一样的，这个《条例》应该尽快出台。不出台，企业亏损的局面就难以扭转。但是也考虑到难度很大，最后下了决心，准备用三个月搞出初稿，然后再用三个月时间协调国务院各部门的意见。”①

讲话中提到的陈锦华，于 1990 年至 1993 年担任国家体改委主任，后来曾经担任过全国政协副主席，在他的一篇回忆文章《国家体改委志在改革》中，对当时这个文件的出台有详细的记述：

“企业，是市场的主体。企业改革一直是改革的关键环节。如果企业改革不能推进，其他改革都会受到影响。所以历年中央下发的改革文件都强调，国有企业改革是整个改革的中心环节。可是，企业改革在相当长时间里没有找到很好的路径。很长时间里搞承包，老实说，承包是调动了企业的积极性，但另外一方面，它是靠国家让利，国家税收减了，企业才有钱。虽然企业得利多了，国家税收却越来越少。所以承包的办法难以持续。

“1985 年，彭真同志亲自主持，组织了一帮人在全国调查研究，花几年时间搞了《全民所有制工业企业法》，1988 年人大会上正式通过。这个法明确规定，企业要成为市场主体。实际上，尽管企业法颁布了，由于政府管理企业的体制没有变，一个企业上面几十个‘婆婆’，谁都可以指挥它，谁都不对它的生产负责任，企业怎么能够成为主体呢？不可能。企业想做的事情做不成，不想做的事情被人家强迫去做。

① 朱镕基讲话实录（第一卷）．北京：人民出版社，2011. 119.

“1991 年 1 月，我就想抓企业的问题，因为中央强调改革重点是企业改革。我认为，企业法没有得到很好的落实，就是因为缺少具体化的东西，不能操作，企业的经营自主权落实不了。我就给李鹏写了一个请示，要求搞一个落实企业法的具体实施细则，摆脱干扰企业的‘婆婆’，让企业真正有自主权。很快，李鹏就批了，并指定由朱镕基和我主持。朱镕基找我研究，我们开了很多座谈会，做调查，研究落实企业经营自主权的阻力在哪里，怎么来消除这些阻力。当时，我们汇总了一下，大概企业需要 14 个方面的自主权。可是，管理企业的‘婆婆’有几十个，甚至包括解放军的总政治部，为什么呢？因为每年复员转退的军人，都要企业消化。还有残疾人联合会，残疾人在社会上找不到工作，企业要帮助安排。

“我们找了这些‘婆婆’，商量找个具体办法把它们的权力界定清楚，让企业少受干扰。国务院那边，朱镕基主持讨论了 17 次；国家体改委这边，我主持讨论了 21 次。当时，真是一个字一个字抠啊，寸步不让。因为文件写上去以后，‘婆婆’将来就不好办了，他们要管，我们就不让他们管。我们前前后后搞了 10 个月，重大的修改搞了 7 次，小改无数次。到 1992 年 6 月，国务院第 106 次常务会议讨论并原则通过了《全民所有制工业企业转换经营机制条例》。当年 9 月，以中共中央和国务院的名义下发了这个文件，强调这是落实企业法的重大步骤，是落实邓小平南方谈话的重大举措，要各地认真执行。

“朱镕基对这个文件有个评价，说：‘这是历年最好的有关企业改革的文件之一。’这个文件讲的是工业企业的转换经营机制问题，那商业企业怎么办？几个月以后，商业部、国家体改委等部门参照《全民所有制工业企业转换经营机制条例》，搞了一个《全民所有制商业企业转换经营机制条例》。企业改革是一步一步到位的。要是没有这些工作，现代企业制度恐怕现在都不完善。”①

“朱镕基主持讨论了 17 次”、“一个字一个字抠啊”！可见，曾长期在国家计委与经委任职，搞了 40 多年经济工作的朱镕基是深知国企改革难度的，当然也反映了他对国企改革的使命感与责任感。朱镕基对这个文件的评价是“这是历年最好的有关企业改革的文件之一”，也反映了他刚刚主持国企改革的时候，对这个文件充满了期望。

然而，随着改革的步子越来越大，这个条例很快在后面的改革中被淡

① 徐锦华．国家体改委志在改革．新华文摘，2011（14）：101～102.

化了它的作用。虽然中央领导在后来也对于执行这个文件作过多次强调，但是连他们自己也不得不被改革的步伐裹挟着前进、前进、前进进。

从1992年下半年开始，各地方、各经济部门、各企业开始着力贯彻《全民所有制工业企业转换经营机制条例》，各省、市、自治区也先后出台了贯彻《条例》的实施细则。但是，“《全民所有制工业企业转换经营机制条例》贯彻一年以后，效果不甚理想，14项经营权未能完全得到落实。改革已触及一些深层次的矛盾和问题，政企不分、产权不明、企业负担加重等问题严重阻碍了企业的进一步改革与发展。另外，随着社会主义市场经济体制的确立以及财政、税收、价格、金融等体制改革的深入，企业自身的外部政策环境发生很大变化；市场环境也由短缺经济转向买方市场，这些都使企业一时难以适应，经营亏损的问题突出出来，这种情况下，在国有企业改革思路上，开始酝酿大的转变”①。

为什么说转换经营机制是国企改革中的最后一搏呢？因为，从改革开放之初，国企的改革就开始了，所谓放权让利、承包制，基本上是在原有制度框架与体制下的修改，真正的突破是在此之后的第三阶段即公司化阶段，这就不仅仅是“转换”而是转变了。所以，短暂的转换经营机制，只能是国有企业改革中的最后一搏了。

① 张志刚，左太行．深化国有企业改革研究．北京：人民出版社，2002. 64～65.

第二章

自上而下，下岗分流掀高潮

一、从“国营”到“国有”的转身

1993 年 2 月，中共中央委员会向第七届全国人民代表大会常务委员会提出《关于修改宪法部分内容的建议》，其中的一项内容是将原宪法“国营经济”的表述改成“国有经济”。1993 年 3 月 29 日，第八届全国人民代表大会第一次会议通过了《中华人民共和国宪法修正案》，将原宪法第七条“国营经济是社会主义全民所有制经济，是国民经济中的主导力量。国家保障国营经济的巩固和发展”修改为“国有经济，即社会主义全民所有制经济，是国民经济中的主导力量。国家保障国有经济的巩固和发展”。

宪法的这个修改，至关重要。将“国营”改为“国有”，即在法律上将所有权与经营权分开，从而认定了全民所有制企业可以不采取国家经营而是交给独立的企业经营的方式。这样，就从法理上为后来出台的“16 字方针”（产权清晰、权责明确、政企分开、管理科学）扫清了道路。

1993 年 11 月，党的十四届三中全会通过了《中共中央关于建立社会主义市场经济体制若干问题的决定》（以下简称《决定》）。《决定》提出，必须坚持以公有制为主体、多种经济成分共同发展的方针，进一步转换国有企业经营机制，建立适应市场经济要求，产权清晰、权责明确、政企分开、管理科学的现代企业制度。

文件还提出：对国有资产实行国家统一所有、政府分级监管、企业自主经营的体制。在政企分开之外，提出了政资分开的理念，以实现政府经济管理职能和国有资产所有者职能分开。在这个基础下，文件专门阐述了建立现代企业制度的问题：建立现代企业制度，是发展社会化大生产和市场经济的必然要求，是我国国有企业改革的方向。其基本特征有五个：一是产权关系明晰，企业中的国有资产所有权属于国家，企业拥有包括国家在内的出资者投资形成的全部法人财产权，成为享有民事权利、承担民事责任的法人实体。二是企业以其全部法人财产，依法自主经营，自负盈亏，照章纳税，对出资者承担资产保值增值的责任。三是出资者按投入企业的资本额享有所有者的权益，即资产受益、重大决策和选择管理者等权利。企业破产时，出资者只以投入企业的资本额对企业债务负有限责任。四是企业按照市场需求组织生产经营，以提高劳动生产率和经济效益为目的，政府不直接干预企业的生产经营活动。企业在市场竞争中优胜劣汰，长期亏损、资不抵债的应依法破产。五是建立科学的企业领导体制和组织管理制度，调节所有者、经营者和职工之间的关系，形成激励和约束相结合的经营机制。

一般认为，以“16字方针”的提出为界，标志着国有企业改革进入了第三阶段即建立现代企业制度或者“公司制”阶段。

1993年12月29日，《中华人民共和国公司法》（以下简称《公司法》）由第八届全国人大常委会第五次会议通过，自1994年1月1日起施行；在此之前，1993年4月，国务院发布了《股票发行与交易管理暂行条例》。这样，就有了标志现代企业制度特征的股份制和公司制的基本法律文件。

1994年11月，国务院召开了全国建设现代企业制度试点工作会议，通过了《关于选择一批国有大中型企业进行现代企业制度试点的方案》，决定选择100家国有大中型企业进行试点。

“改制后的试点企业基本建立了法人治理结构，制衡机制开始形成。在改制企业中，96.3%成立了董事会，86.1%成立了监事会，74.3%的股份有限公司和有限责任公司成立了股东代表大会。……

“据不完全统计，百户试点企业共精简内部管理机构313个，减少管理人员8705人。多数试点企业通过改革已取消了干部与工人之间的身份界限，合同工比例上升到83%。百户试点企业共分离社会性服务机构239个，涉及3.8万人，多渠道分流企业富余职工11.7万人。”①

在这以后的几年时间里，江泽民、朱镕基等领导人频繁地到各地考察，就国有企业改革的问题，发表了一系列意见。1995年5月11日至23日和6月16日至27日，江泽民先后考察江苏、浙江、上海、辽宁、黑龙江、吉林等省市，就如何进一步推进国有企业特别是国有大中型企业的改革和发展问题进行了调查研究。考察期间，江泽民分别于5月22日、6月26日在上海、长春主持召开企业座谈会。江泽民在座谈会上指出：多年来改革和发展的经验告诉我们，任何时候都必须抓好两个大头，一是要加强农业的基础地位，一是要搞好国有大中型企业。这也是两个重点。搞好国有企业特别是大中型企业，既是关系到整个国民经济发展的重大经济问题，也是关系到社会主义制度命运的重大政治问题。在建立社会主义市场经济体制的过程中，国有经济和整个公有制经济只能搞好，只能加强，而绝不能削弱；只能使它们形成新的优势，而绝不能使它们失去优势。我们

① 张志刚，左太行．深化国有企业改革研究．北京：人民出版社，2002.68～69.

要下定这个决心，不能有丝毫动摇。要抓住20世纪的最后五年这个十分关键的时期，通过不断地探索，走出搞好国有企业的路子。江泽民还指出：对于现代企业制度基本特征的四句概括的话（产权清晰、权责明确、政企分开、管理科学），是相互联系的统一整体，缺一不可，不能只强调某一方面而忽略其他方面，必须全面准确地领会和贯彻。建立现代企业制度，是十几年来经济体制改革特别是企业改革经验的总结和理论的发展，我们一定要坚持这个改革方向，认真组织好试点工作。江泽民同时还强调：坚持以公有制为主体，多种经济成分共同发展，是建设有中国特色社会主义的一个重大方针。要通过深化改革，加快转换企业经营机制，增强国有企业、集体所有制企业的市场竞争能力，保持公有制经济在国民经济中的主体地位。

1996年5月4日，江泽民在上海、江苏、浙江、山东四省市企业改革和发展座谈会上的讲话中说，国有企业改革是经济体制改革的中心环节。建立现代企业制度是国有企业改革的方向。到20世纪末要使大多数国有大中型骨干企业初步建立起现代企业制度，成为自主经营、自负盈亏、自我发展、自我约束的法人实体和市场竞争主体。他再次表示：国有企业的改革和发展，是关系到整个国民经济发展的重大经济问题，也是关系到社会主义制度命运的重大政治问题。各级党委和政府要把这项工作放到更加突出的位置，加强领导，狠抓落实，采取有力措施，加快国有企业改革的步伐。

1999年9月，党的十五届四中全会通过的《中共中央关于国有企业改革和发展若干重大问题的决定》，在谈到对国有大中型企业实行规范的公司制改革时指出：公司法人治理结构是公司制的核心。要明确股东会、董事会、监事会和经理层的职责，形成各负其责、协调运转、有效制衡的公司法人治理结构。所有者对企业拥有最终控制权。董事会要维护出资人权益，对股东会负责。董事会对公司的发展目标和重大经营活动作出决策，聘任经营者，并对经营者的业绩进行考核和评价。2000年9月，国务院办公厅转发了国家经贸委发布的《国有大中型企业建立现代企业制度和加强管理的基本规范（试行）》。

“据国家统计局统计，截至2002年底，全国4350家国有大中型企业已有3468家完成了公司制改革。企业按照《公司法》的规定设立了股东会、董事会、监事会和经理层，公司法人治理框架基本形成。”①

但是，“16 字方针”仍然在实践中走了样，其中最大的问题就是只讲“产权清晰”而不讲其他方面，尤其是不讲“管理科学”。对于这个问题，不仅江泽民有过多次强调，朱镕基也曾多次严厉地批评过，从 1994 年开始到卸任，朱镕基就几乎没有停止过讲这个问题。1994 年 11 月 4 日，他在《现代企业制度改革试点的几个问题》中说：“关于现代企业制度，党的十四届三中全会《决定》有四句话：‘产权清晰、权责明确、政企分开、管理科学’，概括得很全面。现在各地搞了那么多企业试点，但许多人理解得不那么准确，过分地强调了产权清晰，把重点放在探索产权形式上，在这方面大做文章。当然，产权清晰对推动企业经营机制转换有很大作用。但如果只是单打一，做不出更大的文章。现代企业制度可以有多种组织形式，我们要在公有制为主体的前提下，进行各种形式的探索。不是要把所有的企业都办成股份制公司，更不是把所有的企业都办成上市公司。只讲‘产权清晰’这一句话，注意力只集中在这一方面，其他三句话成了陪衬而已，这样理解太不全面。现在有些所谓的‘产权交易’，是将公有财产变着花样地转成个人财产，国有资产流失十分严重，这怎么是我们所要的‘产权清晰’呢？”②

1995 年 3 月 9 日，他在《国有企业改革不能只在产权上做文章》的讲话中说：“党的十四届三中全会关于国有企业改革的方针、关于建立现代企业制度，很明确地概括为 16 个字：‘产权清晰、权责明确、政企分开、管理科学’。但是，在执行过程中，用产权清晰代替了一切。只在产权改革方面做文章，能搞好一个企业吗？我不是讲这是企业的责任，而是我们在这两年讲得不够，指导得不够。党的十四届三中全会明确讲了，搞股份制、公司化那是有益的探索。但现在全面铺开，到处都搞股份制，究竟有多大效果呢？全面地铺开，不规范嘛。集了那么多资，我看现在好多搞股份制集资的企业最后还不了这个钱，要失信于职工。另一方面呢，把企业管理放松了，质量管理放松了，技术改造也放松了，假冒伪劣产品横行，企业的效益也不讲了，唱高调、搞花架子的多了。我总觉得搞国有企业改革重要的是转变经营机制，要使产品能够适应市场的需要，产品要不断地更新换代。离开这些东西，搞一些花架子，开个股东大会，产权就明确

① 张卓元，郑海航．中国国有企业改革 30 年回顾与展望．北京：人民出版社，2008. 95～96.

② 朱镕基讲话实录（第二卷）．北京：人民出版社，2011. 50.

了？大家集资，观念就转变了？工人就为自己干活了？企业改革这样搞，我总觉得玄乎得很，实际上我没看到哪个企业这样能真正办好的。……不要把‘产权清晰’强调得过分，强调过分就变成私有化了”①。

在1996年3月的一次讲话中，他又说：“要全面、准确地理解现代企业制度的基本特征。这一点是带有指导性的。过去我们对党的十四届三中全会提出的四句话十六个字，贯彻得不够全面、不够准确。产权清晰、权责明确、政企分开、管理科学，缺一不可，不能够只强调哪一个方面，那样是搞不好的”②。

1996年5月10日，朱镕基在中央党校做形势报告，一共讲了三个问题：第一个问题，关于当前的经济形势；第二个问题，关于国有企业的问题；第三个问题，国有企业的党建问题。报告说：“国有企业的问题是改革的中心问题，1.1亿人在国有企业工作，但是有1/3人不能按时发工资，而国家的财政收入大部分来自国有企业，可是，国有企业效益在下降。16字方针‘产权清晰、权责明确、政企分开、管理科学’没有得到全面贯彻，江泽民提出的三改一加强就是为了纠偏、导向。要把改造、行业改组结合起来。

“要坚定国有企业可以搞好的信心，要把职工凝聚起来。以前总结企业办不好的原因有三条，产权不明晰、包袱沉重、抽紧银根资金紧张，但是我认为都没有讲到点子上。抓大放小，大家都来抓，活的也会抓死。我不赞成搞全行业的控股公司，计划经济也没有那么大的权力。

“国有企业摊派费用是4200多种，现在兼并的企业是380个。困难的行业主要是煤炭、兵器、纺织、林业、机械。

“关于国有企业的党建问题，主要是要对厂长加强监督，党组织的核心作用要表现在把全厂工人凝聚起来对厂长实行监督；对厂长还要实行外部监督，这就是监事会。要考虑银行存款实行实名制，把厂长的工资管起来。”③

朱镕基所担忧的“产权清晰”强调过分就变成私有化了的问题很快成为现实，这就是“国有企业民营化”。所谓国有企业民营化，其实质就是通过各种形式把国有企业改变成非国有企业。在《公司法》中，按照企业

---

① 朱镕基讲话实录（第二卷）．北京：人民出版社，2011.135～137.

② 朱镕基讲话实录（第二卷）．北京：人民出版社，2011.225.

③ 根据笔者当时听报告的记录。

的资本组织形式把企业划分为国有独资、国有控股、有限责任公司、股份有限公司（又分为上市公司和非上市公司）、合伙企业和个人独资企业等。按这种划分，除国有独资企业和国有控股企业以外，其他类型的企业中只要没有国有资本，就均属于民营企业。

“长春市市委和市政府在 2000 年初联合下达了《关于国有企业民营化》的文件，按这个文件规定，长春市的中小型国有企业的 80% 要在两年之内实现民营化。文件对中小型国有企业民营化的步骤做了明确规定：首先是企业实现股份制改造，然后根据企业的净资产核定每股的价格，按照职工工龄以不同的折扣卖给职工，工龄越长折扣越高；在向全厂职工出售股份之前，厂级干部可以较高折扣优先购买 50% 的股份；如果企业净资产为负数，企业可将本企业所占的土地面积按市价折合成企业净资产；在把国有资本转卖给个人之后，企业的性质就发生了变化，国有企业也就实现了民营化。

“实现民营化后，厂长变成了民营企业家，工人变成了厂长的雇员，不仅厂长和工人之间的关系随之发生了性质变化，而且工人在企业中的地位也发生了根本性变化，工人在国有企业中的‘主人翁’地位被彻底否定了。于是，民营企业家们可以理直气壮地采取坚定措施：大刀阔斧地裁减人员。民营化后裁减人员的做法通常是‘买断工龄’，职工工龄的价格是根据企业转制时核定的净资产‘算出来的’。大部分转制企业的工龄价格‘算得’都很低，有些企业的工龄价格甚至被‘算成’负数。工龄价格是负值实在是说不过去了，因为这意味着工人在国有企业中干的时间越长，欠企业的越多，工人被解雇时不仅得不到补偿反而要给企业赔钱，这实在是天理难容。后来，东三省政府对工龄做了最低价格的限定，2000 年，长春市市政府规定每年工龄最低价格为 400 元人民币。

“2000 年春季，我们到长春一家中型国有企业（简称 C 厂）调查时，赶上 C 厂正在落实民营化方案。厂长向我们介绍，按测算出来的价格计算，一位 20 年工龄的工人买断工龄后可以得到 8000 元的补偿，然后就同企业断绝了任何关系，就即刻变成了失业人员并被抛向了社会。我们困惑地询问厂长，难道工人的工龄就这样不值钱吗？如果工人不同意这样出卖自己的工龄，结果会如何呢？得到的答复是意外的：这个工龄价格是在市政府同意将企业占地面积作为净资产核算为企业股本，然后按照市政府规定的最低工龄价格算出来的，否则，仅就企业实际存有的资产来计算工龄价格，20 年工龄还得不到这些补偿。所以，企业急于在限期内办理买断工龄手续，时间拖长了，这个低得可怜的补偿也可能得不到了。

“面对这种不可改变的结局，工人们只好领取工龄买断金，净身出户，离开他曾经希望在这里工作一辈子甚至养老送终的企业。到了2002年末，不仅长春市实现了80%中小国有企业民营化的任务，而且东北其他地区也一风吹地开展了国有企业民营化的产权改革，有些地区民营化的力度要远远大于长春市。在民营化改革中被买断工龄的职工数量之大令人震惊，据政府官方公布的数字，某个有146万市区人口的城市，竟有26.8万失业人员，其中到2003年6月已办完‘并轨’（即买断工龄）手续的接近10万人。”①

二、抓大放小引来“一卖就灵”

十四届三中全会通过的《中共中央关于建立社会主义市场经济体制若干问题的决定》，在提出“16字方针”的同时，也对小企业的改革作了如下的规定：一般小型国有企业，有的可以实行承包经营、租赁经营，有的可以改组为股份合作制，也可以出售给集体或个人。出售企业和股权的收入，由国家转投于急需发展的产业。文件同时还指出：当前国有资产管理不善和严重流失的情况必须引起高度重视。有关部门对其分工监管的企业国有资产要负起监督职责，根据需要可派出监事会，对企业的国有资产保值增值实行监督。严禁将国有资产低价折股，低价出售，甚至无偿分给个人。要健全制度，从各方面堵塞漏洞，确保国有资产及其权益不受侵犯。

1995年，党的十四届五中全会通过的《中共中央关于制定国民经济和社会发展“九五”计划和2010年远景目标的建议》提出了“抓大放小”的战略，文件说：战略性改组要以市场和产业政策为导向，搞好大的，放活小的，把优化国有资产分布结构、企业组织结构同优化投资结构有机地结合起来，择优扶强，优胜劣汰，形成兼并破产、减员增效机制，防止国有资产流失。要区别不同情况，采取改组、联合、兼并、股份合作制、租赁、承包经营和出售等形式，加快国有小企业改革改组的步伐。

1996年3月7日，国务院批转国家经贸委《关于1996年国有企业改革工作的实施意见》，提出本年度国有企业改革工作的主要方面包括：

---

① 刘少杰．经济社会学的新视野——理性选择与感性选择．北京：社会科学文献出版社，2005. 214～215.

①抓好各项企业改革试点工作，城市改革试点要与企业改革结合起来，优化资本结构试点城市将由十八个扩大到五十个；②搞好大的，放活小的，加大结构调整的力度，抓好一千户国有大型企业和企业集团的改革和发展，加快国有小企业的改革改组步伐；③继续贯彻《全民所有制工业企业转换经营机制条例》，加快组织实施《国有企业财产监督管理条例》；④切实加大技术改造的力度；⑤学习推广邯郸钢铁总厂管理经验，进一步改进和加强企业管理；⑥多渠道增加国有企业生产经营资金；⑦促进优胜劣汰，探索处理银行不良资产的办法；⑧进一步推进配套改革，为国有企业改革创造条件；⑨采取有效措施解决好特殊困难行业的紧迫问题；⑩全心全意依靠工人阶级，加强领导班子建设。

这样，“抓大放小”的战略与具体形式就逐步清晰了。

“所谓‘抓大放小’，就是以包、租、卖，以股份制和股份合作制改造，放开放活小企业；国家集中精力抓好大型骨干企业集团。1996 年 6 月，国家体改委下发了《关于加快国有小企业改革的若干意见》，总结了 1992 年以来国有小企业进行包、租、卖，特别是实行股份合作制的经验，进一步把小企业推向市场，掀起了放开放活小企业高潮。山东诸城、广东顺德、四川宜宾等地带头大胆实践，迅速推动了全国小企业的产权改革。在放开小企业的同时，集中力量抓好一批大型企业和大型企业集团，即实行大公司、大集团战略。”①

1997 年，党的十五大政治报告重申了“抓大放小”的战略，文件在“加快推进国有企业改革”部分的阐述中强调：把国有企业改革同改组、改造、加强管理结合起来。要着眼于搞好整个国有经济，抓好大的，放活小的，对国有企业实施战略性改组。以资本为纽带，通过市场形成具有较强竞争力的跨地区、跨行业、跨所有制和跨国经营的大企业集团。采取改组、联合、兼并、租赁、承包经营和股份合作制、出售等形式，加快放开搞活国有小型企业的步伐。

因此，“抓好大的，放活小的”，就形成了后来人们概括为“抓大放小”的国企改革思路。“抓大”，即国家集中力量重点支持少数关系国计民生的国有大企业和企业集团，增强其在国内外两个市场的竞争能力；“放小”，即对数量众多的国有中小型企业，特别是国有小型企业，实施放开放活，允许其以不同形式转变为非国有企业。“抓大”，具体体现为国家分

---

① 张卓元，郑海航．中国国有企业改革 30 年回顾与展望．北京：人民出版社，2008. 37.

批分期对 1000 户关系国计民生的国有重点骨干企业在"三改一加强"（改革、改组、改造和加强管理）诸方面给予政策重点支持；"放小"，具体体现为以多种形式对国有小企业进行改制，主要形式有：改组、联合、兼并、租赁、承包经营和股份合作制、出售等。

在后来的实践中，"抓大"很有成效，这已经由今天国有大企业集团的发展所证明了。但是"放小"的另一手，其事态发展的情况是：十四届三中全会通过的《中共中央关于建立社会主义市场经济体制若干问题的决定》规定的小企业"可以出售"得到了难得一见的热烈拥护与落实；《决定》同时规定的"严禁将国有资产低价折股，低价出售，甚至无偿分给个人"却形同虚设，有的地方掀起了一股"一卖就灵"之风，使"国有资产管理不善和严重流失的情况"更加严重，一部分人在这股"一卖就灵"之风中先"吃"起来了。

因为，"'抓大放小'式改革的核心问题，是公有产权的转让。这种改革也是从 20 世纪 90 年代初期起步、1996 年前后全面铺开的，其基本路径就是把原来的国有小型企业以及集体企业改变成非公有制企业。被改制企业的职工，或者被买主接收，成为私营企业的雇工；或者下岗回家，进入失业人员阶层。这样，对工人而言，无论是减员增效的改革还是抓大放小的改革，都同样意味着他们的经济社会地位的下沉"。①

"分税制实行后，'分产制'成了人们的普遍预期。地方政府担心按照投资原则来界定企业中中央政府和地方政府的产权。为此，地方政府加快了出售企业的步伐，并把中央政府下放的、地方政府事实上拥有所有权的国有企业和只拥有监管权的国有企业，列为优先考虑出售的范围。如中国三大纯碱厂之一的山东寿光纯碱厂，6.9 亿元净资产中，中央权益占 4.67 亿元，可潍坊市政府却折股出售 60% 的股权给了外商。后经中央有关部门的直接干预才被迫中止了这起产权交易行为。"②

有时候，出卖企业与企业兼并是搅和在一起的，甚至有时候出卖就是打着兼并的幌子进行的。"滥觞于 80 年代中期的中国企业兼并，经过 1988 年的大发展和 1990 年、1991 年两年的短暂沉寂之后，于 1994 年初竟兀起热潮，以致中央政府不得不在同年 4 月 22 日以特急明传电报的形式对此加

① 陆学艺. 中国社会阶层研究报告之二——当代中国社会流动. 北京：社会科学文献出版社，2004. 95～96.

② 毕肖辉. 企业兼并论. 西安：陕西人民出版社，1997. 162.

以冷却和冻结。据统计，80 年代全国 25 个省区和 12 个计划单列市被兼并、出售的企业 6966 家，转移存量资产 82.25 亿元；截至 1989 年底全国也只有 12 个产权交易市场（或产权交易中心）挂牌营业。而据 1993 年 10 月统计，仅一年左右就出售、兼并企业 2900 多家，转移存量资产 60 多亿元，至 1994 年第一季度已超过 1 万家；全国已成立的产权交易市场则猛增到 170 多家。热潮之热，由此可见一斑。"①

鉴于卖企业成风的情况，1998 年 7 月 10 日，国家经贸委发出《关于禁止出售国有小企业成风有关问题的通知》，要求各地全面准确地理解和贯彻落实党的十五大精神，采取多种形式进行国有小企业改制。绝不能把出售作为国有小企业改制的唯一形式。然而，当时这个文件是否要发也曾有过一些争议：

"'十五大''放小'的战略确定以后，中小企业产权明晰化的趋势已不可阻挡。但在有些地方，原来打着'坚持公有制'旗号力图保持自己对企业的控制的有权有势的人们改变手法，'咸与维新'。不但利用权力不花几个钱就把企业搞到自己手里，还反过来要职工交钱，否则就让他们'下岗'。于是社会公正的问题就突出起来。不是说'社会主义市场经济'么？社会主义的本意，就是追求社会公正和逐步实现共同富裕。所以，这条是不能不坚持的。

"针对'放小'中间出现的这一类问题，国家经贸委发了一份制止出卖小企业风的文件。老实说，我看了这份文件后，觉得它消极了些，担心会不会影响'放小'。但是据说经贸委得到的反应多数比文件还要激烈；我们企业的谁谁谁，正是他们把企业弄垮了，现在却乘机发了大财，所以早该刹住了。

"体制转轨是一个利益结构大改组的过程。不管采取什么方法来实现转轨，在利益分配上总会有问题，原来掌握权力的人肯定会利用权力把过去的公众财产据为己有。如果官僚们的力量太强大了，就会发生像俄罗斯那样的情况；大部分财富被一小撮人鲸吞，而百姓却变得一无所有，那就国无宁日了。"②

1999 年 2 月 24 日，新华社报道，国家经贸委、财政部、中国人民银行近日就部分地区在出售国有小型企业时出现的错误倾向联合发出《关于

---

① 毕肖辉．企业兼并论．西安：陕西人民出版社，1997.146.

② 吴敬琏．转轨中国．成都：四川人民出版社，2002.33.

出售国有小型企业中若干问题意见的通知》（以下简称《通知》）。该《通知》提出一系列规范性意见，要求各级政府及有关部门全面理解、正确贯彻党的十五大关于国有小型企业改革的方针，采取多种形式放开搞活国有小型企业；坚决制止出售企业之风，特别要制止名卖实送、半卖半送、逃废银行债务、拖欠税款和规避安置职工的错误做法；出售国有小型企业要按照国家法律、法规和规章操作，坚持公开、公平、公正的原则，严格控制出售企业的范围和数量，不得出售社会公益性企业和法律、法规规定不能出售的企业；要严格界定产权、评估资产、确认售价，保护债权人和企业职工的利益。

这个问题曾经引起了时任国务院总理朱镕基的高度重视，《朱镕基讲话实录》中有一篇文章的题目就叫作“国有小企业改革不是‘一卖就灵’”。关于这个问题，他有十几次讲话与批示。他在《对“卖企业”问题的批示》中提出这股风要煞一煞：“‘抓大放小’，抓大是重点，放小也不只是拍卖、出售一种方式。出售中小企业不是当前的‘主要任务’，更重要的是抓下岗职工的基本生活保障和再就业工作。……把国有企业改革的庄严任务，简单化为‘卖企业’，而且是半送半卖，还美其名为‘改革’，这股风也不知是从哪里刮起来的。要煞一煞才好，否则将直接干扰当前下岗职工再就业的工作。”①

但是，连朱镕基也“不知道这股风是从哪里刮出来的”：“现在出现一种错误思潮，卖企业已经成风，美其名曰‘抓大放小’。党的十五大报告中讲到小企业可以卖，但现在是全卖。卖，只是搞活小企业的一种办法。而且，现在卖的已不是小企业，像长春拖拉机厂那样的大厂，不经市里批准也在卖。由于该厂领导班子腐化，工厂停产，11 个月不发工资，和私商签订契约卖厂子，并且是卖给原在厂里干活的临时工，工人怎能服气？买厂的这个人厉害得很，一进厂就把保安、财务控制起来。有些所谓‘卖厂’，实为送厂。买主哪有那么多的钱去买？工人连工资都拿不到，哪有钱买厂？我们收到一些群众来信，反映某些国有企业的固定资产被七折八扣卖给了原来的厂长或其家属。有的提出要‘打破框框’；有的名为招标，实际上按最低价格卖，然后宣布银行债务作废；有的还开全省大会推广。这些做法是完全错误的。我们中央政治局常委中没有人同意过，江泽民同志批判过这种做法，胡锦涛、尉健行同志都不赞成，不知道这股风是从哪

---

①　朱镕基讲话实录（第二卷）．北京：人民出版社，2011. 456 ~ 457.

里刮出来的。最近，《人民日报》要发表一系列文章进行批判。这些错误做法，对工人阶级一点好处都没有。”①

“绝对不要想用什么卖企业的办法去解决国有企业的问题。全国卖企业的情况现在了解得清清楚楚了，没有卖到多少钱。有些人鼓吹一种谬论，说国有企业的改革就在一个‘卖’字，卖企业可以卖8000亿元，剩下的国有企业就可以搞好了，这是说梦话！其实卖的时候七折八扣，几乎变成零资产卖掉。然后，把银行的贷款、债权都废掉，这不等于倒贴吗？根本就卖不到钱，是送掉的嘛。国有资产属国家所有，你有什么权利卖？大家千万别犯这种方向性的错误。我们不是绝对不同意卖企业，我们搞活小企业有一个方式是出卖，但那只是一种方式，不是主要方式，因为在中国现在能买得起小企业的人不是很多。”②

“一卖就灵”与“抓大放小”中的放小是分不开的。“卖光、卖断、卖彻底”，就是当时那股风的真实写照；“贷款被悬空，没人还债”只是其中的一个后果。而另外一个严重的后果，是导致了大量职工下岗，用朱镕基的话说是“直接干扰当前下岗职工再就业”。

“20世纪90年代中期的有关研究表明，大型国有企业的亏损额最大，但其亏损面最小，亏损率最低；反之，中小型企业的亏损额较小，但亏损面大，亏损率高。两害相权取其轻。于是，进行所谓‘抓大放小’的改革，便成为政府的一个似乎必然的选择。1995年9月，中共十四届五中全会通过了《中共中央关于制定国民经济和社会发展‘九五’计划和2010年远景目标的建议》，提出新的国有企业改革思路，其中与我们讨论的社会分化和流动有关的，一是实行‘抓大放小’战略，二是实施‘减员增效’方针。所谓‘抓大放小’，就是要搞好大型企业，放活小型企业。搞好大型企业的措施之一，则是所谓的‘减员增效’。而所谓放活小型企业，就是要‘采取改组、联合、兼并、股份合作制、租赁、承包经营和出售等形式’，改革小型企业的产权结构和经营机制，使其产生新的活力。”③

“一卖就灵”还有一个结果，那就是一部分人先“吃”起来了。梁晓声在他的《中国社会各阶层分析》一书中曾举过一个这样的例子④：

---

① 朱镕基讲话实录（第三卷）. 北京：人民出版社，2011. 142～143.

② 朱镕基讲话实录（第三卷）. 北京：人民出版社，2011. 168.

③ 陆学艺. 中国社会阶层研究报告之二——当代中国社会流动. 北京：社会科学文献出版社，2004. 95.

④ 梁晓声. 中国社会各阶层分析. 北京：经济日报出版社，1997. 391～392.

怎样拍卖才算公平拍卖呢？我认为，手持拍卖锤的人，目光首先望向工人才算公平。因为那资产，原本就是他们血汗的积累。只要他们的竞价不明显低于有钱人，拍卖原则应从道义上倾斜于他们，拍卖锤应为保障他们的利益而敲落，断不该为了施利于有钱人而敲落。

我知道这样一件事——某厂的工人们认为他们有能力经营好那个工厂，于是凑资五十万打算集体买下，并推选自己信赖的带头人。但有钱人仅仅出比工人们高三万元的价，就使工人们的愿望化为泡影。中国戏剧中，有“一文钱难倒英雄汉”的唱词。三万元难倒了那个厂的二百多名工人。他们凑足五十万已是家家户户都将“保平安”的钱奉献出来了，再多凑三万，实属难上加难。何况，再多凑三万又怎样呢？富人的竞价哪怕比五十三万又高一万，结果那厂不仍是富人的么？二百多个穷困工人与一个中国富人竞买某厂，经济实力的优势仍在后者。

这拍卖锤的一落，何等的没有天良！

但官员振振有词地说——这就叫公平！金钱面前，人人平等。

接下来的事可想而知，买下了厂的富人，对二百多工人大逐大裁。逐裁过程，实行了自己对敢于与他竞价的工人们的集体报复。

而官员则熟视无睹，司空见惯。认为这正常得很，并且感到了大大的轻松。又有二百多工人不再是国家工人了。那么，今后他们的生存着落，终于彻底地与自己无关了。

工人变成了中国富人的“打工仔”，命运可能还算好。还值得庆幸。

报载东北某省某市某资产价值五百余万的厂，仅以一百万便卖给了一名韩国人。而那韩国老板，迫令百名女工，每夜在他睡前为他按摩，并肆意轻佻下流。不从者，以解雇相威胁。女工们怕失业，不敢怒且不敢言……

问题更在于——发生了这样的事以后，记者愤慨、公众愤慨、一切稍有点儿尊严的中国人都会感到愤慨，却从没听说哪位中国官员因此拍案而起过无比愤慨过……

中国的官员，你们都怎么了？

也许唯有具此大冷静，才当得成中国的官？才更像是中国的官？

报导此类事件的媒介，还往往受到严厉的批评、训斥甚至制裁。

此过程中杜绝腐败，严惩权钱交易，以及其后的密切关注、监督，乃是一种国家职责，倘若官员渎职于此，遗患大矣！

……

某些官员闻“股份制”而窃喜，因为他们的三亲六戚，又有机会大占国家的便宜了。

某些官员折卖国有资产的热忱如同小贩在早市上的叫卖。许给有钱人的优惠“政策”往往令人咋舌。甚至应允有钱人可无息贷款。除了权钱交易私利使然，还有一种想当然的思想逻辑在支配——卖、卖、卖了就有“业绩”可说，不卖没有“业绩”可表。卖得越快，证明跟得越紧。卖得越多，业绩越大。卖！卖了，工人们以后的生存着落，也别来找我烦我了。与国家脱钩了么！我是国家官员，操不着那份儿心了么！

反正企业是亏损的，卖掉或者送人都一样，像大热天中的冰棍一样不被人吃掉也要化掉，今天不送，明天也就化没了。这种情况有人称之为“冰棍现象”。孙立平说，“在讨论国企冰棍现象的时候，我曾经指出，我们不应当仅仅看到冰棍现象本身，还要看到人们通常所说的冰棍现象是在‘大热天’中形成的”①。探求导致冰棍现象的“大热天”是怎么来的，确实是一件有意义的事情。其后果就是在“抓大放小”的政策出台以后，社会上刮起了一股“一卖就灵”之风，在这股风中，有一部分人先“吃”起来了，吃掉的当然是国有资产，形成了一部分先“富”起来的人群。或者说一部分先“富”起来的人中间有这样一支“队伍”。所以，对社会阶层或者群体的分析就变得更加复杂起来。

三、“下岗分流、减员增效”立竿见影

十四届五中全会通过的《中共中央关于制定国民经济和社会发展“九五”计划和2010年远景目标的建议》提出：要着眼于搞好整个国有经济，通过存量资产的流动和重组，对国有企业实施战略性改组。这种改组要以市场和产业政策为导向，搞好大的，放活小的，把优化国有资产分布结构、企业组织结构同优化投资结构有机地结合起来，择优扶强，优胜劣汰，形成兼并破产、减员增效机制，防止国有资产流失。文件与本章有关的重要之处是形成“减员增效机制”，后来，又进一步把“下岗分流”与“减员增效”结合起来，形成了“下岗分流、减员增效”的8字方针。其大致的过程是这样的：

① 孙立平．重建社会——转型社会的秩序再造．北京：社会科学文献出版社，2009. 196.

1997 年 1 月 6 日至 8 日，国务院在北京召开全国国有企业职工再就业会议。朱镕基在会上作了《大力推进企业改革，积极实施再就业工程》的讲话，强调重点要抓好三方面的工作：第一，要认真贯彻江泽民关于搞好国有企业改革的讲话精神，坚持三改一加强（改组、改造、改制，加强企业管理）。1997 年的工作重点是要整顿国有企业领导班子。第二，要大力推行再就业工程，对国有企业富余职工实行“下岗分流、减员增效”，人员减下来效益就提高了。减员要先下岗，然后分流到其他行业，解决国有企业人员过多的问题。第三，要进一步规范破产，鼓励兼并。为了贯彻多兼并少破产的方针，国家将加大促进优势企业兼并劣势企业的政策力度。在这个讲话中，把“减员增效”与“下岗分流”联系起来了。

1997 年 5 月 23 日，国务院批转国家经贸委《关于 1997 年国有企业改革与发展工作的意见》（简称《意见》）。《意见》指出：1997 年国有企业改革与发展工作，要按照建立社会主义市场经济体制的要求，坚持三个有利于的标准，进一步解放思想，实事求是，着眼于整个国有经济，把国有企业改革、改组、改造和加强企业经营管理紧密结合起来，有针对性地采取措施，做好减员增效、下岗分流、规范破产、鼓励兼并和职工再就业工作，务求在国有企业改革和发展方面取得实效。

1997 年 9 月通过的党的十五大政治报告，对此有了更加明确的解说与要求：实行鼓励兼并、规范破产、下岗分流、减员增效和再就业工程，形成企业优胜劣汰的竞争机制。随着企业改革深化、技术进步和经济结构调整，人员流动和职工下岗是难以避免的。这会给一部分职工带来暂时的困难，但从根本上说，有利于经济发展，符合工人阶级的长远利益。党和政府要采取积极措施，依靠社会各方面的力量，关心和安排好下岗职工的生活，搞好职业培训，拓宽就业门路，推进再就业工程。广大职工要转变就业观念，提高自身素质，努力适应改革和发展的新要求。

由此可见，“下岗分流、减员增效”是中央作为国有企业改革的重要任务提出来的，这个任务提出来以后，即开始了大规模的国有企业职工流动，这种流动的情况复杂，是下岗、分流、减员的共同结果。“1997 年开始的下岗分流，是在所有国有企业中同时开展的，因此波及东北城市的各个角落。并且，这次下岗分流是在中央政府的坚决推进下进行的，一开始就表现了不可阻挡的坚定性。所以，国有企业和职工都无法回避这次下岗分流。一时间，在东北地区的所有城市中，下岗成为一个出现频率最高的话题和社会各界最关心的现象，因为它将引起一大批城市居民在生活上的根本变化。尤其在国有工业企业中，下岗分流的任务十分艰巨。”①

什么是“下岗”呢？“‘下岗’是我国经济处于由计划经济向市场经济转型时期的一个特殊现象。所谓下岗职工是指那些已不在原单位工作但仍和原单位保留工作关系且领取一部分生活费用的职工。从1993年以来，我国城镇下岗职工激增，据国家计委宏观研究院杨宜勇提供的数据，1993年我国城镇下岗职工为300万人，1994年为360万人，1995年为564万人，1996年为891.6万人，1997年为1151万人。1997年底全国城镇下岗职工已经达到1200万人。实际上，‘下岗职工’最初的提法是‘下岗待业职工’并成为特定时期的特定名词。这一概念是一个混乱不清的概念，它既包括失业人口，也包括重新就业人口，大体上包括四个部分：下岗职工总数=寻找工作人员+等待回岗人员+等待向新单位报到人员+已重新就业人员。”②

“‘减员增效’式改革的结果，已经不再是国有企业内部管理人员与普通职工的权力关系的变化，而是直接的大规模的下岗。据估计，在城镇，因为企业减员增效而下岗的职工，到目前已经有3000万人之多。尽管这些下岗人员通常会在体制外部门求得就业机会，但他们在改革开放以前甚至改革开放初期所享有的种种经济政治待遇无疑受到了巨大的冲击或打击。”③

“下岗分流、减员增效”以后，国有企业与职工发生了哪些变化呢？

第一，公有经济的职业数量占全国职业总量的比重降低。“国有企业因为效率低下，在脱离政府的‘父权式’保护进入市场竞争之后，不仅职工生产的能力下降，而且维持原有职业的能力也趋于下降。这使得国有企业的职业总量于1995年达到顶点（11261万人）之后就逐渐减少，2000年为8102万人，比1995年减少3159万人，城镇集体企业效率更低，其所提供的职业数量减少得更快，发生职业数量减少的时间更为靠前。1997年力度更大的产权改革之后，城镇集体企业提供的职业数量急剧下降。不仅绝对数量，而且公有经济的职业数量占全国职业总量的比重也在降低。国有企业职业比重的滑落突出表现在两个时间点上：一是1989—1990年，从

① 刘少杰．经济社会学的新视野——理性选择与感性选择．北京：社会科学文献出版社，2005.204.

② 阎志民．中国现阶段阶级阶层研究．北京：中共中央党校出版社，2002.419.

③ 陆学艺．中国社会阶层研究报告之二——当代中国社会流动．北京：社会科学文献出版社，2004.95.

70%下降到62%；二是1997—1998年，从55%下降到44%，到2000年的时候为38%。城镇集体经济职业比重的滑落也突出表现在两个时间点：1989年到1990年从24%下降到21%，1997年到1998年从14%下降到9%，到2000年的时候为7%。国有企业和城镇集体企业从业人员急剧减少，不完全是因为企业减员增效、职工下岗的缘故，还因为这一阶段有相当数量的国有和城镇集体企业实行改制而转变为股份制企业、联营企业乃至个体私营企业。"①

第二，在岗职工与管理者收入差距大大拉开。1992年国有企业产权改革和1995年全员劳动合同制改革以来，"随着这两项改革的进行，管理者有了下岗失业这把极具威胁力宝剑，权力能力大大增强，工人屈服了。随之，工人和管理人员的收入差距大大拉开。因为管理者可以将工人的收入压低到其生存基线，所以后者较少分享到经济发展的成果。从20世纪80年代到现在，工人的收入尽管随经济发展有所提高，但是提高的幅度与经济发展十分不相称。深圳市刚建立经济特区的时候，工人的月工资就是500元~600元。20多年过去，深圳市的老板、经理月收入由一千多元达到了上万元、数万元，工人的工资却依然停留在当时的水平。北京某工厂的一位工人表明了整个工人阶层的感受：这些年工人更辛苦了，但是收入不高。前些年就拿这么多钱，这几年的产值增加了，翻了几番，但是工人的收入却没有增加"②。

第三，给社会、经济带来不稳定因素。"当前，不少国有企业在资产重组、兼并、破产的改组、改造过程中，不得不将职工再就业问题推向了社会，'放'到了劳动力市场这个蓄水池之中。这就给政府、企业事后处理职工再就业问题增大了压力和难度。这就给我们企业提出了一个问题，在国有企业改组、改革，实施再就业工程时，是将富余职工下岗分流推向社会好呢？还是在减员增效的过程中通过内部的调整，通过开辟企业新的就业门路来实现富余人员的再就业好呢？这是众多亏损国有企业面临的问题，值得认真思考。

"将富余人员裁减下来，并将'包袱'甩给社会，对企业来说表面上是一条捷径，但实际上有很多问题。国有企业职工在目前的情况下并非能

① 陆学艺．中国社会阶层研究报告之二——当代中国社会流动．北京：社会科学文献出版社，2004. 127.

② 陆学艺．当代中国社会阶层研究报告．北京：社会科学文献出版社，2002. 152.

一‘甩’了之，如何安置他们，对他们过去创造的本应属于他们的财富如何补偿，还有他们在本企业工作中长期积累的劳动技能和经验如何加以利用，这些都告诉我们，把富余职工简单地裁减下来推向社会，这本身就会让企业付出相当大的代价。另外，企业如果过度减员，短期内是降低了成本，但从长远看，在企业今后需要发展扩大经营时，又重新吸纳新的劳动力，其劳动技能和熟练程度不一定适合需要，为此又得付出劳动力培训和工资等大量成本。而从宏观上来看，把大量富余职工推向社会，也会给社会、经济带来不稳定因素，给企业的经营和发展造成不利的影响。”①

第四，下岗职工利益受到损害。“在1978—1985年市场转型的第一个阶段，一部分脑力劳动者曾出现经济利益受损的现象，到了市场转型的第二个阶段（1985年以后），经济利益相对受损的现象转移到体力劳动者中间。目前，最为突出的利益相对受损集团是失业、下岗职工群体。”②

以矿工为例：

“（一）矿业职工收入低。从建国初期到21世纪初，矿工工资位居各行业之首，三年困难时期，国家还实行补助粮食和副食品的特殊政策。但自1994年税制改革以来，矿业企业经营日趋困难，职工收入增长缓慢。以煤矿业为例，1994—2000年煤矿职工年平均收入为6893元，增长幅度是全社会最低行业。2000年煤矿职工年平均工资为6761元，在岗职工为7683元，低于全国职工平均工资9371元，在49个行业中列倒数第二，仅为最高行业的11.8%。

“从采掘业整体情况来看，1990年采掘业职工年均工资为2656元，远远高于各行业平均的年平均工资2099元，在各行业中收入位于前列，此后逐渐靠近各行业平均水平，自1998年起，采掘业职工收入低于各行业的平均水平，且收入差距年年扩大。目前矿工收入已由各行业之首下降到位于各行业之末，相当多的矿工家庭人均收入低于当地农村人均可支配收入。

“（二）下岗生活费不能到位。由于矿山企业生产经营状况总体不佳，相当多的企业处于亏损状态，同时，矿山企业地理位置偏远，所处地区通常也都是经济状况较差的地区。因此现行的‘三三制’筹资办法常常无法保证资金需求，以至于仍有相当数量的下岗职工不能足额领取基本生活费。以荆襄化工集团为例，2001年6月，据企业工会统计，荆襄化工集团

---

① 赵国良．脊梁·国有企业的机遇与挑战．成都：四川人民出版社，1998.259.

② 刘晓凯．利益分化与政治稳定．北京：人民出版社，2008.61.

公司有 12421 人处于低保线以下，人均月生活费仅为 74.7 元。2001 年 10 月，荆襄化工集团向钟祥市民政局申报了 13430 名收入低于低保费的工人，最终核定为每月补助 30 元，仍低于 2001 年湖北采掘业下岗职工生活费 179 元/月。难以解决矿区城镇人口的吃饭、就医和子女上学等问题。

“（三）矿山企业拖欠工资现象严重。随着矿山资源的枯竭，矿山企业尤其是特困企业生产经营举步维艰，资金极度紧张，贷款回收不畅，拖欠职工工资、离退休金等现象相当严重。截至 2002 年底，荆襄化工集团共欠职工工资 5577.9 万元，其中，1998 年欠发 895 万元，1999 年欠发 1482 万元，2000 年欠发 1579 万元，2001 年欠发 1345 万元，2002 年欠发 276 万元；阜新矿务局由于资金紧张，从 1994 年就开始拖欠职工工资，时间最长达 16 个月，长期领不到工资，使得多达 19.98 万阜新居民处于最低生活保障线以下，也就是说，每四个阜新人中，就有超过一个人处于最低生活保障线以下，月收入不足 156 元。

“工资收入是国有企业劳动者最主要的，甚至是唯一的收入来源，一旦工资不能按时发放，职工收入随之中断。因此，矿山企业许多职工在下岗前几年就已经是入不敷出。没有积蓄，下岗后的日子更难过。

“（四）双下岗现象突出。中共中央、国务院《关于切实做好国有企业下岗职工基本生活保障和再就业工作的通知》规定，夫妻双方在同一企业的，不要安排双方同时下岗，不在同一企业的，如果一方已下岗，另一方的企业不要安排其下岗。但是，矿区远离城市，相对独立和封闭，许多职工往往一家几代人在同一矿区，甚至同一企业工作，矿山闭坑，企业停产或破产，谁都协调不了谁，结果父子、夫妻，甚至一家人全下岗。与城市中的国有企业相比，矿区‘双下岗’现象更普遍，更严重，家庭生活困难的程度也更深。

“（五）矿山职工下岗失业延续时间长。矿山企业下岗失业人员不仅规模大、增长速度快，其下岗失业延续时间也较长。由于矿区矿城产业结构单一，资源型企业陷入困境，整个矿区矿城则同时陷入困境，就业岗位严重萎缩，加之矿山企业下岗失业人员技能单一，与市场需求不符，再就业困难。据统计，辽宁省至 1999 年起先后关闭破产的 13 家资源枯竭矿山企业，截至 2002 年 5 月，仍有 7 万余人没有实现再就业；黑龙江省四大矿业集团下岗职工 12 万多人，再就业率仅 14%。”①

---

① 赵曼，杨海文.21 世纪中国劳动就业与社会保障制度研究. 北京：人民出版社，2007.40.

“值得忧虑的是，这个集团整体上的利益获得，相对于获益最大者集团来讲，有迅速下滑的趋势，突出的表现是集团成员消费能力下降，这主要是因为他们对前途的忧虑。1995 年、1996 年以后，由于经济增长速度放缓，相对而言，他们的收入明显下降，加上医疗、住房、养老、教育收费等项制度的改革或面临改革，他们发现自己的收入基本上是三位、四位数，而将来的每项改革都需要五到六位，甚至是七位数的支出，所以他们不再敢消费了。世界现代化发展的经验表明，社会普遍获利集团的生活水平如果得不到保障，整个经济就可能因缺乏动力而放慢速度，进而影响现代化进程。”①

中国的改革开放最初是从农村开始的，而且是自下而上的，如大包干的形式，所以，凤阳县小岗村的 18 个手印能够载入中国改革开放的历史。但是，中国城市的经济体制改革走了一条与此完全相反的路径，基本上是自上而下的。每迈一个步子都是按照上级文件来执行的。因此，这种改革从后面的实行情况来看，与农村的改革相比较，明显存在三个方面的问题：一是改革的动力不足；二是在群众中怨言怨气多；三是历史遗留问题多。因为“国有企业改革是自上而下的行动，广大国企职工都处于被动的被改革地位。面对由各种专业术语包装着的改革措施，职工群众常常感到茫然无措。并且大部分国有企业确实处于效益低下、生产不景气的状态，职工群众很难找出拒绝改变他们工作状态甚至生活命运的理由。大多数人只有服从命运的摆布，或者被迫离开工作岗位，或者跟从别人采取模仿和从众行动”②。

政治地位是与经济地位紧密联系的，企业实现了“产权清晰”，自然没有了工人的地位；而“权责明确”本来是针对企业与政府之间关系而言的，这个基本问题没有解决好，反倒是“老板”与工人之间的“权责明确”完完整整地实现了，工人们的身份地位、利益关系和生存环境改变了，工人们束手无策。

---

① 刘晓凯．利益分化与政治稳定．北京：人民出版社，2008. 61.

② 刘少杰．经济社会学的新视野——理性选择与感性选择．北京：社会科学文献出版社，2005. 257.

第三章

“一股就灵”，相煎何急

一、留几个企业不改如何？

1996年，国有企业改革进入了如火如荼的阶段。当时，我写了一篇文章《留几个企业不改如何？》，反映了自己观察到的情况。文章在杂志发表时，编辑只改了一个字，就是题目上的。原题为“留几个企业不改革如何？”，发表时“改革”的“革”去掉了，这一改让我对编辑钦佩不已。试想，在一片改革的呼喊声中，竟然有人提出“不改革”，其罪莫大焉。全文如下①：

留几个企业不改如何？

最近到几个中小型国有企业（微利或盈利企业）搞调查，了解职工的反映，没想到职工们提出了一些对推行现代企业制度改革和命令改革的不同意见：

1. 报上老是喊“企业改革已到了非改不可的时候了”，是谁代表企业、代表工人喊出来的呢？我们职工可没认为非改不可，企业也没这么认为。

2. 企业改革是任务呢，还是企业本身的需要或职工的愿望？

3. 现在拼命搞公司制的改革，我们不改行不行？我们还是挂某某厂的牌子，还按我们老一套来管行不行？

4. “穷则思变”，然而我们并不穷，不思变行不行？我们不想改，可为什么硬要我们改？

5. 现在搞企业改革，只是压力，上面压我们改，没有动力。改革后能使我们得到什么好处？

6. 在现代企业制度的改革中，有没有被搞差、搞坏、搞死的企业？如果我们搞得比原来更差了，谁来负责？

7. 我们原是农牧渔业局的企业，局里只管干部和资产，搞得挺好，我们希望他们管，干吗非要他们不管我们？

总之，有一些中小型国有企业及其职工不愿照现在的方式搞企业改革，不要“翻牌子”（指公司制改组），并希望我们能替他们呼吁一下，上级机关和有关部门能不能尊重部分企业和职工的意愿，留几个企业不改革

---

① 余信红．留几个企业不改如何？求是（内部文稿），1997（1）．

如何？理由如下：

第一，根据“抓大放小”的原则，完全可以让一些国有中小型企业不搞改革，不“翻牌子”。我国幅员辽阔，各地情况差异很大，不少中小企业有几十年的历史，企业内部结构、管理、产品、销售等已成体系，有较好的社会联系网，尤其是通过改革开放以来十几年的实践，他们已经总结出一套办企业的经验，摸索出一条自己的路子，能够自产自销，能够养活工人，能够盈利。因此，应该坚持实事求是，一切从实际出发的原则，不愿改的就不改，这也是一种大胆探索、勇于实践的表现。

第二，要吸取历史经验教训。几十年来，我们吃够了一哄而起、盲动冒进的苦头，这方面的教训应该认真总结，牢牢记取。远的不说，就说改革开放以来的农村承包责任制，虽说是“一包就灵”，没料到若干年后又涌出如江苏的华西村，河南的刘庄、南街村，河北的南高营村，北京的窦店，广东的中山崖口村等等一批“不包也灵”、集体致富的先进典型，这不能不引起人们的思考，不能不考虑中国“特色”这个具体情况。80年代的城市经济体制改革，新闻媒介曾不遗余力地宣传“包字进城”，并宣告企业的改革将在“包”字的大旗之下创造如农村改革一样的辉煌，但事实远非如此。不但城市改革窘况迭出，即使是农村改革也发生急剧变化，转而寻求新的增长方式。

我们的地方政府和有关部门，努力执行上级指示是好的，但切记不要搞“一刀切”，不要强迫企业去搞脱离自己实际的改革。江泽民总书记去年5月4日的讲话就再次重申：“防止不顾实际情况，搞‘一阵风’、‘一刀切’和形式主义。学习和借鉴任何成功的经验和做法，都要从实际出发，因地制宜。企业的情况千差万别，绝不能生搬硬套，要防止不重实效，流于形式，搞‘花架子’。”

第三，既然是搞市场经济，就得按市场经济规律办事，就不要用行政命令的办法。“八仙过海，各显神通”。一些国有中小型企业能够生存，能够盈利，就说明它们的机制是合理的，是能够适应市场经济要求的。我们老是说“两条腿走路”，就不要规定“模式”和硬性推广经验，这也是体现企业自主地位的一个方面。全心全意依靠工人阶级，就要充分尊重企业和多数职工的意见，让他们自己去“过海”，“显神通”，搞好了，又多出一种“模式”；搞不下去了，自然会改，何必相煎太急？

第四，企业改革要搞几条原则。根据上述情况，建议在中小型企业实行现代企业制度改革的同时，制定这样几条原则：企业和职工不愿改就不改；不“穷”的可以不改；没有落实推行改革责任人的不改；不要强迫企业改。

“我了解到，有这样的企业的头头们，做法简单粗蛮——开一次会，张贴一份‘公告’，限日限时勒令工人交款数千。交者，仍可保留‘工籍’。交不起的，脸一板，除名。甚至变相地将积年的亏损额均摊在每一工人头上，名曰‘卖股’，实则由工人们还债。

“工人们问：‘如果以后还亏损怎么办?’

“答曰：‘我不知道!’

“这就好比从前的地主对待雇农了——不但不给工钱，还要从雇农身上扒下一件衣服。

“这不是有点官逼民反的意味儿了么?

“尤其可憎者，趁机将一笔又一笔白条——诸如自家装修房子所花的钱、公款吃喝所花的钱、游山玩水所花的钱、亲朋好友做生意炒股票所亏的本金，皆混算入股份中去。皆均摊到每一工人头上。

“二、资产远远高于债务，效益较好的企业。这些企业，头头脑脑们，勾结了企业外的有钱人，早就垂涎欲滴了。‘股份制’正中他们的下怀。还不等工人寻思过味儿来，他们早已凑足了钱，摇身一变，由企业领导成了控股私营者。于是国家工人也同时成了他们的‘打工仔’。要指望他们对成了他们‘打工仔’的从前的国家工人们负任何起码的生存责任，都只能是幻想。

“三、零资产企业。所谓零资产，当然并不就是等于零。而是指资产与负债相差无几。这样的企业最适于公平拍卖。一旦拍卖于个人，经营有方，短时期内便能创收。”①

第二，私利驱动。

既然是“国有”的企业，除了中央企业以外，没有地方政府的推动与直接抄盘，这股风是刮不起来的。人们都说改革是利益的再分配，几十年的实践告诉我们，如果某项改革政策能够被人不顾规范地大力推行，不顾群众的强烈反对硬干，就必然是因为有人能够从中获利，用老百姓的话说是可以捞到好处，否则岂不成了“大公无私”？而“一卖就灵”、“一股就灵”之风，是上面不满意而屡次批评的，下面不愿意而怨声载道的，那这样的“风”为什么还要刮呢？这不是有政治风险的吗？刮风的动力是什么呢？有一个明显的事实，自20世纪80年代中期起，部分“搞政治”的人非常热爱“市场”，并且到后来在利用政治资源来获取经济利益方面玩得

① 梁晓声．中国社会各阶层分析．北京：经济日报出版社，1997. 389～390.

炉火纯青，这从多年来公布的干部腐败案件中可以看得很清楚。“改革的过程，又是扩大利益的绝好机会。这也可能诱使那些有既得利益意识的官员加速‘觉悟’，在客观上促其尽快形成。分析既得利益集团的维利方式可以发现，他们并不总是以被动的状态对待改革，不会公然站在改革的对立面；他们对改革的反应也不仅仅局限于被动地抵制、消极阻挠的层次。对握有一定权力、通晓权力运行规则的官员而言，他们大都具有变被动为主动，把挑战当机遇的意识，有化不利为有利的能力和条件。于是，乘机扩大权益，使原先以个人为单元分别谋取的分散性的不同权益，通过拿来共享，互通有无，达到更多官员的一致和共济，变成群体内每个成员都能合法享受的权益，就成了他们的共识。到了这个时候，既得利益集团的形成、升级也就成了自然而然的了。

“……这使官员手中拥有很大的决策权，能够自己给自己待遇，也能够比较容易扩展权力边界。通过决策谋取职务利益，扩大自己的待遇，都是合法的，不会被作为违法犯罪去追究，没有个人风险。于是，一些官员在两者的权衡中，自然避险趋利，倾向于后者。”①

朱镕基曾经批评道：“最近，有些省在对国有企业进行股份制改革时，把股票分给个人，其中大部分分给了企业的领导成员。这种做法很有问题。不要把企业激励制度与职工参股混同。简单地把国有资产量化到个人，不是一种好办法。这在俄罗斯已经被证明是失败了的，即使是在西方发达国家，也不推广这种办法。我们还是要按照党的十五大和十五届四中全会的精神，搞好规范化的企业股份制改革。企业改组上市也是检验企业经营好坏的一个好办法。”②

答案很简单，“热爱市场”拼命刮风，就是因为部分人能够利用政治资源获取经济上的利益。

（二）舆论煽动

为什么会刮风？有学者认为：“由于媒体的不适当的宣传，过分渲染了股份制的作用，助长了各地搞股份制的热情，这样在利益的驱动之下，各地形成了‘一股就灵’、‘一股就化’的趋势。加上其他配套改革没有相应跟上，过度投机和违规行为比较严重，使股份制发展偏离了正确的

① 刘彦昌．聚焦中国既得利益集团．北京：中共中央党校出版社，2007. 134 ~ 135.

② 朱镕基讲话实录（第四卷）．北京：人民出版社，2011. 82.

轨道。”①

朱镕基曾经明确地批评：“这次刮风与我们的舆论导向也有关系。不要去连篇累牍地宣传外国的股份制。外国的股份制能搬到中国来吗？何况股份制在外国经济中也只是占一部分，上市公司更是其中的一小部分，怎么能把它当做资本主义现代企业制度的普遍形式呢？靠股份制增点资，解决不了国有企业的问题。当然，可以利用股份制这个形式，但不是‘一股就灵’，就能把国有企业当前的问题都给解决了。”②

朱镕基于2000年11月30日《在2000年中央经济工作会议上的总结讲话》中再次批评了不正确的舆论导向：“有的文章还吹捧企业一卖就如何如何好，这些企业本来就是不错的企业，又把银行的债务赖掉，当然一卖就挣钱。他们这样说，真是不知人间还有‘羞耻’二字！工会的同志要同心协力来制止这种事。中国的国有企业问题，不是一个‘卖’字就能解决的。”③

有学者明确提出，“应把握好客观报导与广告宣传的原则区别”：“正确的舆论导向机制对企业家队伍建设有着至关重要的作用，因此，对企业家的宣传报道要客观、适度，对经营业绩突出的企业家要给予大力的宣传，但不能因一时一事而在宣传上过分拔高，报纸曾宣传某厂长几天兼并一个厂，一个人救活一个厂，这不客观。在宣传中要处理好企业家本人与企业集体领导班子的关系，同时，也要引导群众对企业家在改革中的措施有正确认识，应把握好客观报导与广告宣传的原则区别。对企业家的成就评判，一靠时间和实践检验，二靠正确舆论导向，三靠广大群众真切理解。”④

经历过并且关注过20世纪八九十年代国企改革的人都会记得，当时为了替国有企业改革造势，舆论氛围非常强劲，气场强大，国企的种种“罪恶”被揭露出来并且对其进行了严厉的批判。例如，讨伐国企职工的“铁饭碗”即终身雇佣制，并殃及他们的子女在父母退休后的顶替岗位制度；批判职工的劳保制度，用尚未在全国完善的社会保障的落后景况去批判当时水平低得可怜的国企劳保制度；用世界上收入水平处于后列的中国农民

---

① 付卡佳，白津夫．迈向21世纪：中国股份制．北京：中国工商出版社，1998. 241.

② 朱镕基讲话实录（第二卷）．北京：人民出版社，2011. 450.

③ 朱镕基讲话实录（第三卷）．北京：人民出版社，2011. 143.

④ 赵国良．脊梁·国有企业的机遇与挑战．成都：四川人民出版社，1998. 285.

收入去比较同样是世界上工资最低的中国工人的工资；用人们对社会就业的渴望与从业的不满意，去大谈国企职工曾经的“铁饭碗”如何美妙，说他们是不被处分、不被开除、吃大锅饭、捧铁饭碗、工作清闲、晒太阳、三个人的活五个人干、干多干少一个样、干好干坏一个样、没有贡献的“贵族”阶级。

有的则抛开历史条件与背景对我国工业化路线进行了挞伐，而这些又牵扯到对国企的评判，例如，抛开只能生产桌椅板凳、锅碗瓢盆，连最基本的原材料与“工作母机”（钢铁与有色金属、机床、机械等）都没有的基本国情去评价轻、重工业的比例；抛开国家被别人经济上封锁、军事上包围、政治上孤立的的国情去评价当时为什么不生产电视机、电冰箱、空调让老百姓幸福起来；抛开国家刚完成扫盲任务而评价国有企业职工的文化程度与素质太低；运用“实践是检验真理的唯一标准”，用今天没有发生世界大战或者外国对中国本土的大规模侵略，来论证当时中国发展重工业、军事工业与“三线建设”的“错误”与后果，却完全不顾用战争制止战争的真理。

总之，在西方经济学与西方管理制度的“照妖镜”照射之下，王铁人等中国工人的吃苦耐劳、以厂为家、先公后私甚至大公无私是多么可笑、虚假，多么与“经济人”假设背道而驰：国有企业是计划经济产生的恶果，是与市场经济对立的；国有企业是改革的桎梏，是改革的难点重点、久攻不克的顽固堡垒；国有企业是改革的绊脚石、市场经济的拦路虎；国有企业“以人为本”的做法与企业是以追求利润最大化为唯一、最终目标相违背；企业不能够有两个“主人”，职工的“主人翁”地位与现代企业制度的法人制度是违背的等等。

这样的“比较”、“反差”、“评价”、“照妖镜”，自然引起了众多的农民、农民工、个体户和私营企业主对国有企业及其职工的强烈不满，舆论出现了一边倒的状况。改革的氛围营造成功，人们的心理上出现了对国企基本否定的态势，“既得利益者”被架上了审判台。最后的结论自然就是：国有企业丧失人心，公有制为主体令人置疑，工人阶级的“主人翁”精神是假冒伪劣，不推倒“主人翁”精神，市场经济以及市场精神就站立不起来。那么，其结论就是推倒国企，釜底抽薪。

在这种氛围下，事情的另外一方面，即国有企业及其职工——它们（企业）和他们（工人），只好千遍万遍地自我反省、自我批判，一遍又一遍、越深刻越好、越描黑越好，到处充斥着“狠斗私字一闪念”、“灵魂深处爆发革命”的各种忏悔，看看当年的报刊吧，其检讨与自我批判是何等深刻。当自尊与自信崩溃以后，武装与武器的解除就是很自然的了。

然而，当人们质疑汶川地震救灾时为什么没有自己的大直升机，却忘记了中国的第一家直升机厂早就把设备与精力用于做“面的”（一种箱式出租车）了，一万块钱一辆，媒体曾经在当年大加报道其“经济效益”的好处；当重新提出生产中国自己的大飞机时，相当多的飞机工厂或协作单位早已经转产，用制造飞机的设备、技术与工艺来生产大客车，竞争力相当强。这些“可歌可泣”的业绩都曾经被媒体广为报道与大加颂扬；有多少企业因为这样的“业绩”而轰然倒下。

（三）有人寻租舞动

“经济学家吴敬琏先生从国外引进了一个概念——寻租。所谓‘寻租’包含着巨大的财富，就是由于行政干预，一些发财机会需要官员审批，得到了批件，就得到了发财机会。这些‘批件’中就包含着巨大的财富，经济学家称之为‘租金’，当然，这里的‘租金’概念与地租、房租是完全不同的。在寻租理论中，租金是泛指政府干预或行政管制市场竞争而形成的级差收入，即超过机会成本的差价。一切商品经济中的行政管制，都会创造出这种差价收入。……在计划经济向市场经济转轨的过程中，过去由于政府高度集中的一部分财富将向社会转移，一般称为非国有化。如果转移合法合理，相对于计划经济来说是一种进步。但是，由于政治体制滞后，权力缺乏制衡，公务活动不公开、不透明，财富就按计划经济时建立的权力体系向某些个人或家族转移。由于各级官员掌握着财富转移的权力，那些不能控制自己欲望的官员，就大获其得。他们获利一部分是通过寻租实现的，一部分是官员们的经济犯罪。”①

吴敬琏是这样分析寻租现象的：“发展经济学和政治经济学关于‘寻租’的理论（这种理论认为，行政权力垄断就和所有权垄断和经营权垄断一样，能够由于降低了供给弹性而创造出稳定的超额利润，即租金），指出腐败并不是来自货币交换和市场关系，而是来自‘权力揽买卖’，即行政权力对经济生活的干预。这种干预会创造出‘租金’或称‘非直接生产性利润’。在存在租金的环境下，企图‘寻租’的人们就会采用贿赂、疏通等手段，勾结掌权者，借用后者的行政权力占有这笔租金。这种‘寻

---

① 杨继绳．中国当代社会阶层分析．南昌：江西高校出版社，2011. 297 ~ 298.

租’环境的存在，就是转轨时期除产权不明晰、市场失序等之外产生腐败的最主要的温床。由这种分析得到的结论是：对于腐败既不能听之任之，也不能希图用加强‘审批’等行政控制的办法来加以消除（加强行政控制往往造成新的‘寻租’环境，增加寻租的机会，为腐败活动的扩大提供条件），用推进市场化改革的办法来最大限度地消除制度基础，才是根除腐败的治本之策。

“……虽然有过许多肃贪反腐的庄严号召和若干惩治贪官污吏的个别案例，但是由于广泛存在的腐败的制度根基未曾动摇，各种腐败行为反而借1992年新的改革发展高潮到来而以金融腐败、倒卖土地等‘要素寻租’的形式愈演愈烈。

“……一方面，社会大众对于腐败的愤怒之情日益高涨。一些经济学家和文化界人士的著作强烈地表达出这种义愤。另一方面，残民以逞的贪官污吏们的气焰并未收敛消戢，他们依然在大量存在‘寻租’机会的体制下猖獗活动，有时他们的‘设租’敛财活动还以‘全面加强管理’之类冠冕堂皇的名义公然进行。”①

一个是机遇即“转轨时期”推行股份制；一个是“权力揽买卖”，用行政权力“促进”改革；一个是打着改革的旗号冠冕堂皇地公然寻租。这就是“一股就灵”之风的由来。

“他们甚至在改革中塞进‘设租’的私货，创造新的寻租机会，使自己能够大发横财。而且由于他们往往打着‘一切彻底开放’、‘不要政府插手’的‘激进改革’旗号，反对任何自上而下的规划领导和规则设定，就更加容易迷惑那些对现代经济学一知半解或由于憎恶命令经济中的政府专断行为而对一切规划、规则、规范产生逆反心理的人们，因而对改革的顺利进行更加具有危害性。

“……如果说80年代寻租活动的主要领域是通过商品差价寻租，那么，90年代就由商品寻租发展到了后果更为严重的要素寻租。例如，国家银行贷款的实际负利率和国家银行贷款同市场融资之间大约10%的利差，就能造成每年数千亿元的寻租机会。又如土地由过去无偿划拨到现在通过批租有偿使用，应当说是一个进步，但目前在不少地方，土地批与不批、批租给谁，以及价格多高等问题悉由当地官员决定，而不是通过市场程序拍卖。这样，就给某些掌握行政权力或能够接近权力的人留下了营私舞弊

① 吴敬琏．转轨中国．成都：四川人民出版社，2002. 282～283.

的机会。”①

四、千夫所指的“国有资产流失”

“国有资产流失”曾经是改革过程中一个使用频率非常高的词汇，并且引发过影响重大的争论。它是一个民众最不满的问题，很多“仇富”皆来源于此。从上到下都知道有国有资产流失这回事，但是国有资产到底流失了多少？这也许是一个永远也统计不清楚的数字。“数额巨大的贪污腐败和瓜分国有资产的行为，已经成为影响收入分配格局的一个重要因素。而在国有企业改制、资本运作当中发生的国有资产的流失，可能数量要更大，计算起来要更为困难，甚至不可能计算出来。”② 不过有一点是公认的，即由于国有资产流失，一部分人先“富”起来了。现作一点粗略的考证。

（一）关于国有资产流失的数量

朱镕基早在1994年11月6日《国企改革中要防止国有资产流失》的讲话中就说国有资产流失“数字惊人”：“去年，国有资产管理局组织了一次调查，调查了24个省区的5800个单位，国有资产流失了360亿元；调查了10个直辖市和计划单列市的280个单位，国有资产流失了85亿元，数字惊人。”③

“据有关学者计算，在20世纪80年代，通过‘价差’导致的国有资产流失，1987年为2000亿元以上，1988年在3569亿元以上。进入20世纪90年代之后，特别是90年代中期之后，大规模瓜分国有资产进入更为实质性的阶段。最初是所谓的‘圈地运动’。在1987—1992年的‘开发热’中，地方政府的有关部门，以极低的价格将土地批给房地产开发商。然后由这些拿到廉价土地的‘开发商’在市场上多次转手，谋取暴利。与此同时，随着企业改制的进行，过去几十年里积累起来的国有资产开始被瓜分。这个数字有多大，是难以统计和计算的。在最近几年中，国有企业

① 吴敬琏．转轨中国．成都：四川人民出版社，2002. 278 ~ 279.

② 孙立平．转型与断裂——改革以来中国社会结构的变迁．北京：清华大学出版社，2004. 275.

③ 朱镕基讲话实录（第二卷）．北京：人民出版社，2011. 57.

改制、资本运作、行贿受贿，是将国有资产非法转移到个人手中的主要形式。"①

那么，这些国有资产转移到了哪些"个人手中"呢？"必定有相当大一部分落入了掌握企业控制权的内部人以及默许甚至纵容经理人员如此作为的官员手中。"对此，陆学艺是这样分析的："1992 年 7 月，国务院发布《全民所有制工业企业转换经营机制条例》，作为 1988 年《企业法》的实施细则。随着这一《条例》的颁布，全民所有制企业的经营自主权在许多方面都得到了比前一时期更大的提高。增强企业经营自主权的社会政治影响是巨大的。从企业方面来讲，管理层的权力无疑会继续增强；而从企业工人方面来讲，则意味着他们将逐步丧失参与企业管理和劳动报酬确定的权利。然而，问题在于国有企业自主权的增强，并未真正把它们从困境中解救出来。企业经营管理层的权力大大扩张了，但这并没有明显地改进企业的经营绩效，反倒大大增加了企业空壳化的风险，因为经营管理层可以利用这些权力为内部人谋取最大利益，一些企业甚至在经营管理层的转移和侵吞下濒于破产的边缘。据统计，1995 年，在全国 30.2 万家国有企业中，空壳化企业占企业总数的 20.2%，全部资产挂账占所有者权益的 29.3%。这意味着可能有上万亿元的国有资产流失了。这些流失的国有资产不会人间蒸发，其中必定有相当大一部分落入了掌握企业控制权的内部人以及默许甚至纵容经理人员如此作为的官员手中。"②

（二）关于国有资产流失的形式

国有资产流失的形式是多种多样的。"国有资产的流失始于生产资料市场、资本市场、金融市场的双轨制。尽管从今天的眼光看，双轨制可能也不失为撬动旧体制的杠杆，但由此导致的国有资产流失也是不容否认的。这种国有资产的流失，主要以'价差、汇差、利差、税差'的形式实现。"③

国有资产流失就是在国有企业转制过程中完成的。"国有企业转制过程中出现国有资产流失问题。由于国有企业改制面很大，数量很多，而且

① 孙立平．重建社会——转型社会的秩序再造．北京：社会科学文献出版社，2009. 240 ~ 241.

② 陆学艺．中国社会阶层研究报告之二——当代中国社会流动．北京：社会科学文献出版社，2004. 94 ~ 95.

③ 孙立平．重建社会——转型社会的秩序再造．北京：社会科学文献出版社，2009. 240.

没有现成经验，缺乏规范，或者改革措施有漏洞，给少数人以可乘之机，致使国有企业在改制过程中，特别是初期，出现国有资产流失问题。有的案例触目惊心，引发公众的强烈不满，突出的是，有一些国有企业负责人与政府官员勾结，暗箱操作，在企业转制时，把国有资产大大低于其内在价值或市场价格卖掉，甚至送掉。与此同时，严重损害广大企业职工合法权益，使大量职工失业和生活没有保障。在探索‘两权分离’实行承包制过程中，比较普遍地出现承包一轮，国有资产流失一轮，富了和尚穷了庙的现象。个别地方，曾出现在政府主导下借国有企业转制之机把国有资产分给本企业职工。”①

朱镕基早在1994年就总结了国有资产流失的七种方法，原文如下：

“国有资产流失的方法有7种：第一，中外合资建企业和股份制改组中，不评估或有意低估国有资产，这是最严重的，也是最不应该的。搞合资经营和搞股份制时把国有资产有意低估，或者由于极度无知，又极端地不负责任，把国有资产拱手送人。最典型的是湘潭精细化工公司跟新加坡的企业合营。首先，外方合资的股份都是破破烂烂的二手设备，折股很高；软件技术全是抄了西方国家的几个配方，没有经过试验，这个股份也折得很高，结果投产以后老是拿不出合格产品。然后，中方把自己入股的土地、厂房折价很低，这叫半卖半送。最后，在经营过程中，外方把外销价格搞得很低，低于国内市场价格。外商最通用的手法是把进口原材料价格抬得很高，在香港结算时就造假，把出口产品价格压得很低，中间的暴利都归他了。搞这种合资企业有什么意思？根本不符合我们对外开放的本意。最后更可笑的是中方退出了，把整个工厂交给新加坡的商人，变成他的工厂了。这个事情莫名其妙。这不叫‘卖国求荣’吗？把国有资产卖掉了，还不要钱或者低价卖，这是最大的一个问题。

“第二，股份制企业对国家股不分红、不配股，都分给职工。现在开始分财产了，把国有资产量化了分给个人，这不就是搞私有化吗？

“第三，有的地区以明晰产权为名，把国有资产无偿或低价卖给个人，搞负债持股。

“第四，有的企业在经济困难时把企业改组分开，搞‘大船搁浅，舢板逃生’，逃避债务。……

“第五，一些企事业单位的部分国有资产不入账，形成大量的账外资

① 张卓元，郑海航．中国国有企业改革30年回顾与展望．北京：人民出版社，2008. 18.

产，这也是很大的问题。特别是对它们的境外投资情况根本不清楚。各部门、各地区究竟在境外办了多少企业？好多都是不入账的，甚至有的企业未经国务院批准到香港‘买壳上市’，炒股票，源源不断地把国内资金流到境外去。我希望国家国有资产管理局好好管管这件事。国家国有资产管理局应当是党中央、国务院在国有资产管理上的一个耳目。国有资产流失你是制止不了的，但你应当及时把国有资产从什么渠道流失、流失了多少、是谁流失了等情况报告国务院，以便研究政策。你们想办法吧，探索吧，把国有资产管起来。

“第六，全民企业办集体企业，无偿划转和无偿占有国有资产，把国家所有制变成集体所有制，把集体的资产变成个体的，给分掉了。

“第七，在不规范的产权交易中廉价出售国有资产，造成了流失。‘产权交易’一出来后，国务院是明令禁止的，但实际上禁而不止，还在那里搞。规范地搞还好些，现在就是不规范，大量的国有资产从国有变成私有了。如果这么折腾下去，就把国家都折腾光了。”①

到2001年，这个问题仍然很严重，并且有了新的形式，那就是在企业改组、重组的过程中间，把银行的贷款给破掉，把银行的债权给破掉。朱镕基曾经对银行提出过绝不能让步的要求：“在改组、重组的过程中间，要特别注意防止国有资产的流失。这个问题是很严重的，特别是地方的企业，往往是借重组之名，借破产兼并之名，把银行的贷款给破掉，把银行的债权给破掉。”②

此时的朱镕基已经从国务院常务副总理升为总理了，但是仍然无法制止上述行为，前面他曾说“国有资产流失你是制止不了的，但你应当及时把国有资产从什么渠道流失、流失了多少、是谁流失了等情况报告国务院，以便研究政策”。这个“你”，此前指的是“国家国有资产管理局”，这次又加上了银行。但是由于国有企业改制来势猛烈，国有资产流失仍然势不可挡。

（三）关于国有资产流失的后果

国有资产流失，造成了严重的恶果，根据资料分析有如下几个方面：

1. 流失的国有资产被私有化了

国有资产流失到哪里去了呢，很显然是到私人那里去了，总不见得又

---

① 朱镕基讲话实录（第二卷）. 北京：人民出版社，2011. 57～59.

② 朱镕基讲话实录（第四卷）. 北京：人民出版社，2011. 282.

到公家那里去了，那岂不又成了“大锅饭”，何为流失？这种以国有资产流失形式出现的私有化问题，主要表现在以下几个方面：

“其一，借搞股份制而私分国有资产。这种情况在早先股份制试点的企业曾经发生过，企业领导人将国有资产无偿分配到职工人头，变成他们手持的企业股票。产生这种情况的原因，一是这些领导人对国家企业怎样搞股份制的问题一时不太了解因而盲目行事；二是与理论上的误导有关。……

“其二，对国有资产在评估中有意低估资产的原值。这种情况也是发生在对国有企业的股份制改造中。在对国有资产的评估中，个别企业领导人品质恶劣，有意低估资产的原值，企图达到将国有资产变相转化为个人资产的目的。虽然这是一种异常巧妙的做法，隐蔽得十分严密，但是还是被上级主管部门和职工群众揭穿了。……

“其三，个别股份合作制企业，职工的股权证在企业内部流通，出现了有个人非法收购股权证的情况，致使少数人占有大量股权证，企图对企业达到控股的目的。如果这种情况发生，企业的性质就变为私有制了。”①

朱镕基说：“上次我们中央政治局常委谈到中纪委办的一个案子，东北地区某市委副书记兼政法委书记家里被小偷偷了几万元，他不在乎，也不报案。后来一查，他是在那里倒股票。据我所知，现在党的高级干部里面，副部长、副省长以上干部倒股票的不乏其人，别人送的股票自己不拿，让儿子、女儿拿，一拿就是一万、几万股。大家知道，原始股票最后是很值钱的，等股票上市后，一出手就可以得到几倍或更高的收益。这位市委副书记夫妇俩每天晚上戴上面罩，变成‘蒙面大侠’，到市区阴暗角落里去倒卖股票认购证。这个事情讲起来，我们觉得非常奇怪，他怎么会堕落到这种程度？这种人真有，还真不少。这些人不开除出党怎么得了呀？还能够姑息他们吗？改革开放必然会带来一些糟粕，但只要我们党的肌体是健康的，我们就可以抵制这些东西。”②

他甚至为此拍案而起，有一次看了某档电视新闻节目后愤而写下批示：“看了今晚的电视《焦点访谈》后，真感公理何在，国法难容，道德沦丧，党性何存。县委、县政府、县法院沆瀣一气骗国家，转移国家资

---

① 张大军．改革的“雷区”——关于所有制改革问题研究．北京：新华出版社，1997. 303 ~ 304.

② 朱镕基讲话实录（第二卷）．北京：人民出版社，2011. 160.

产，明目张胆，肆无忌惮。名为地方利益，实则县官以权谋私。”①

2. 国有资产的流失加剧了阶级阶层分化

有研究者认为：“和以往社会利益分化与冲突的形态相比，当代中国日益凸显的利益分化与政治稳定问题与阶级阶层结构的历史性变迁相互依存，主要表现在以下四个方面：第一，阶级阶层分化及利益群体的趋利特征打破了中国社会原有社会地位格局；这方面最值得注意的是，在形成了一个先富群体的同时也出现了2000多万下岗和失业工人。第二，因个人利益、集团小利益恶性膨胀导致的其与共同利益的社会冲突经常出现且日益激烈。第三，既得利益者与争取利益者间的利益协调问题成为制约政治稳定的突出现实难题。第四，物资利益与精神利益之间的冲突日渐严重，使得实现物质利益与精神利益之间的协调空前急切。”②

3. 维系改革开放的精神支柱发生动摇，对社会主义意识形态产生严重冲击

维系改革开放的精神支柱、凝聚全国人民共同奔向现代化、实现中华民族伟大复兴的精神力量是什么？在一定程度上说就是邓小平关于社会主义本质的论断，尤其是“共同富裕”的目标。一般来说，社会主义本质理论分解为三个部分：一是基础，即解放生产力，发展生产力；二是条件，消灭剥削，消除两极分化；三是目的，最终实现共同富裕的目标。

1986年9月，邓小平在回答美国记者关于“致富光荣的口号同社会主义的关系”时说：“社会主义财富属于人民，社会主义的致富是全民共同致富。社会主义原则，第一是发展生产，第二是共同致富。我们允许一部分人先好起来，一部分地区先好起来，目的是更快地实现共同富裕。正因为如此，我们的政策是不使社会导致两极分化，就是说，不会导致富的越富，贫的越贫。坦率地说，我们不会容许产生新的资产阶级。”③ 1990年12月，邓小平又一次强调共同富裕的问题，指出：“共同致富，我们从改革一开始就讲，将来总有一天要成为中心课题。社会主义不是少数人富起来、大多数人穷，不是那个样子。社会主义最大的优越性就是共同富裕，这是体现社会主义本质的一个东西。如果搞两极分化，情况就不同了，民族矛盾、区域间矛盾、阶级矛盾都会发展，相应地中央和地方的矛盾也会

---

① 朱镕基讲话实录（第四卷）. 北京：人民出版社，2011. 223.

② 刘晓凯. 利益分化与政治稳定. 北京：人民出版社，2008. 8～13.

③ 邓小平文选（第三卷）. 北京：人民出版社，1993. 172.

第四章

潮涨潮落，职工的流动与流动的职工

一、三次大规模的职工流动

职工流动肇始于国有企业破产试点以后，大规模的职工流动在20世纪的国企改制中有三次，第一次发生在1989年至1991年底的三年治理整顿期间；第二次为1993年至1997年间的再次经济过热与再次整顿期间；第三次是1998年至2000年的国企三年脱困期间。

关于下岗职工的数量，第一次与第二次职工下岗人员的统计数字难以截然分开。“据统计，我国城镇登记失业率由1991年的2.2%上升到1996年的3.0%，登记失业人数从350万已增加到553万。另据专家分析，我国实际的失业率已达7%，失业人数仍呈增多之势。这不能不说是危及改革与发展的大问题。”①

“根据《中国统计摘要》公布的数据表明，我国城镇公开失业人员由1992年的346万增加到1996年的553万，4年增加207万，同期失业率由2.3%上升到了3%。而这一数据还远远不能反映我国失业的真实情况，因为它还没包括国有经济单位半公开失业人员的增加。比如，1995年国有企业因亏损下岗待业的人员已达700多万，到了1996年这一数字已上升到892万！据专家估计，我国1996年实际城镇失业率已达7%以上。”②

“随着经济体制改革的逐步深入，早在20世纪80年代中期工人中就开始出现了下岗人员，到20世纪90年代中期更迅速增加。据汉川市交通局资料，该局1995年下岗人员为450人，1997年增至800人，1998年更猛增到1200人。据汉川市经委统计，1998年该系统18家国有工业企业在册职工有9700人，下岗人员达5400人，占55.7%。据汉川市劳动局1998年对国有企业下岗职工5777人的调查，进入再就业中心的仅1645人，多数人不进入再就业中心的主要原因是：再就业中心发放的基本生产费有限，害怕到了规定年限仍未就业而被强行解除劳动关系。”③

“1997年开始的下岗分流，是在所有国有企业中同时开展的，因此波及东北城市的各个角落。并且，这次下岗分流是在中央政府的坚决推进下进行的，一开始就表现了不可阻挡的坚定性。所以，国有企业和职工都无

---

① 付卡佳，白津夫．迈向21世纪：中国股份制．北京：中国工商出版社，1998.316.

② 赵国良．脊梁·国有企业的机遇与挑战．成都：四川人民出版社，1998.232.

③ 陆学艺．当代中国社会阶层研究报告．北京：社会科学文献出版社，2002.365.

法回避这次下岗分流。一时间，在东北地区的所有城市中，下岗成为一个出现频率最高的话题和社会各界最关心的现象，因为它将引起一大批城市居民在生活上的根本变化。尤其在国有工业企业中，下岗分流的任务十分艰巨。”①

第三次发生在1998年至2000年的国企三年脱困期间。朱镕基在2002年4月的一次讲话中说：“从1998年到2000年底，国有企业下岗职工累计2550万人，已实现再就业1700万人，除办退休手续和解除劳动关系的，目前下岗职工还有500多万人留在再就业服务中心等待再就业。随着国有企业改革的深入，还将有一些职工下岗分流，甚至失业。”②

仅在辽宁省一地，就有下岗职工178万人。时任辽宁省省委书记的李克强在《“十一五”与辽宁老工业基地振兴》一文中说：“比如说，我们辽宁省城镇化率在各个省份中是最高的，达到56%。但是，我们城市的低保人口有150万人，我们的下岗并轨人员有178万人。历史上比较早地为国家做过贡献的职工，现在进入离退休状态了，我们省现在的离退休的职工是356万。”③

有著作对1993年至2003年每年的下岗职工人数作了一个统计：“国有企业职工下岗始于20世纪80年代后期，到了90年代，企业进入市场后，在转换经营机制，调整产业结构过程中，因企业‘关停并转’导致大批职工下岗。1993年下岗职工为300万人，到1997年猛增到1151万人，相当于1993年的3.8倍，平均每年增长高达40%，2003年虽然有所下降，但是绝对数也是十分可观的。”④

1993—2003年下岗职工人数⑤ 单位：万人

年份	1993	1994	1995	1996	1997	1998	1999	2000	2001	2002	2003
下岗人数	300	360	564	891	1151	890	652	657	515	410	440

① 刘少杰．经济社会学的新视野——理性选择与感性选择．北京：社会科学文献出版社，2005.204.

② 朱镕基讲话实录（第四卷）．北京：人民出版社，2011.346.

③ 中共中央宣传部教育局．回顾“十五”辉煌成就，展望“十一五”美好前景——来自省部领导的报告．北京：学习出版社，2006.172.

④ 朱力．当代中国社会问题．北京：社会科学文献出版社，2008.280.

⑤ 朱力．当代中国社会问题．北京：社会科学文献出版社，2008.280.

关于职工流动人员的分类，情况多种多样，主要有以下几种：一是下岗失业职工；二是分流出去政府又安排去了其他国有企业的职工；三是下岗以后较快地实现了在其他经济成分或者行业再就业的职工；四是内退、病退或提前退休的职工；五是在岗而企业停、减发工资的（第四、第五两种情况都会产生“隐形就业”，尤其是属于第五项情况的职工中，为了生存下去，他们会寻求各种谋生的手段，有的就一直混到60岁的退休年龄而补缴几万元的养老金以后办理退休，进入社保）；六是较早主动提出分流自谋职业的职工等。

例如，提前退休的职工和隐性就业职工的情况，“关于我国城镇劳动力被迫提前退休的人数，一般认为估计其人数相当于离退休人员总数的15%左右。据劳动部统计，目前我国国有企业在职职工对离退休人员的‘负担系数’为0.29（一个在职职工平均负担0.29个离退休职工），到1997年底国有经济单位从业职工总数为1.08亿人，其中29%的规模为3122万人左右，如果真正按照负担系数计算，我国国有企业离退休人员实际上高达3122万人。其中10%～20%为提前被迫退休者。按此计算，我国目前提前退休者已达312万～624万人，取中间值15%计算，国有企业提前退休者已达468万人以上。根据上述有关数据，笔者把企业冗员2153万人和提前退休人员462万人相加得2615万人，算出隐性失业率13.4%左右。……

“中国企业下岗职工未再就业但隐性就业的人数难以统计和估算，综合考虑我国目前隐性失业人口中，提前退休的468万人中有93.6万人隐性就业，下岗职工未再就业的1366万人中，据北京市国有企业下岗人员中隐性就业率不低于60%来计算，819.6万人（1366万人×60%）为隐性就业，把两者合起来计算，共有隐性就业者913.2万人（819.6万人+93.6万人），占1997年底我国城镇劳动力总数的5%，即目前我国城镇隐性就业率为5%。”①

关于城市失业下岗人员的构成，“调研数据显示，从地域上看，失业下岗人员比较集中的是东北、西北和西南一些老工业基地；从行业上看，失业下岗人员多集中在工业制造和采矿业等行业，占45.8%；从单位经济类型看，失业下岗人员多集中在国有、集体企业，占90.9%”②。

---

① 阎志民．中国现阶段阶级阶层研究．北京：中共中央党校出版社，2002.423～424.

② 刘晓凯．利益分化与政治稳定．北京：人民出版社，2008.62.

二、职工流动的原因

（一）压缩经济过热的两次治理整顿

1989 年至 1991 年底的经济调整被称为三年治理整顿；1993 年至 1997 年间发生了两次经济过热与两次治理整顿。在这两个阶段，有大批职工流动。

1. 第一次压缩与整顿使企业人员过多的矛盾更加突出

第一次整顿缘于两次连接在一起的经济波动。

有人将新中国的经济波动分为十一次，第八次经济波动发生于 1984 年至 1986 年间。“20 世纪 70 年代末 80 年代初的工业结构的调整，初步改变了工业结构的不合理状况，同时，改革开放也在推进。以此为基础，1983 年至 1988 年中国工业迎来了持续 6 年的高速增长，工业总产值的年平均增长率高达 16.5%，不仅高于改革开放前和调整时期的增长速度，而且也是建国以来持续时间最长的工业高速增长期。与高速增长相伴随的是经济过热，针对经济过热，国家的宏观政策在紧缩和放松紧缩之间摇摆，从而使得工业经济在这 6 年间呈现出波动中高速增长的特点，经历了高速发展——‘软着陆’——高速发展的过程。如果说，1983 年 11.2% 的工业总产值增长率显示出工业经济走出了调整时期的低增长态势，而走向高速增长，1984 年的 16.3% 则已显然是高速增长，这年下半年经济过热的迹象已非常明显。1985 年则更甚，这年第一、二季度工业生产增长速度与上年同期相比分别高达 22.5%、23.2%。为抑制过热的气氛，国家采取了一些紧缩措施，这些紧缩措施从第三季度起逐渐见效，工业过高的发展速度开始回落，然而这种回落却呈直线下跌走势，到 1986 年 2 月，工业生产接近零增长。这年下半年紧缩政策有所松动，工业生产随之回升，到 12 月份达到 17.3%，工业再次出现过热现象。1986 年工业增长速度为 11.7%，较之上年的 21.4% 有了很大的回落，体现经济正走向‘软着陆’，但并没有成功。1987 年，针对经济仍呈过热的情形，国家决定继续采取‘压缩过热空气’的方针，但这一方针贯彻不力，这年工业生产增长速度达 17.7%。”①

---

① 王玉茹．中国经济史．北京：高等教育出版社，2008. 296 ~297.

“软着陆”没有成功，紧接着出现了第九次经济波动。这次波动发生于1987年至1991年间。“1987年，中共‘十三大’确定了市场取向的改革目标，从中央到地方，新一届领导班子为加快改革和发展的步伐，在推行价格‘闯关’的同时，大幅度增加了固定资产投资。结果导致严重的通货膨胀，1988年全社会商品零售价格指数比上年提高18.5个百分点，打破了经济困难时期1961年16.2%的纪录。于是从1989年实际进入治理整顿。到1990年GDP增长降至3.8%，达到谷底。”①

有著作分析了这次波动的一些深层次原因：

“第一，社会总需求超过社会总供给的矛盾进一步扩大，形成投资需求和消费需求双膨胀的局面，由此而导致严重的通货膨胀。1984年以来，我国经济一直处于过热状态，投资规模逐年扩大，消费资金过度增长，连续四年社会总需求超过社会总供给，供需差率由1983年的4.7%扩大到16.5%（1984年）、11.25%（1985年）、13.45%（1986年）、13.6%（1987年）。为了供应不断膨胀的投资需求和消费需求，货币连年超经济发行，造成严重的通货膨胀。这四年间，每年货币量的增长高于经济增长9～35个百分点。1987年底，我国的货币流通量已达1454亿元，比1983年增加174%。货币量的增长较大幅度地超过经济的增长，必然带动物价的普遍上升。1987年在没有大的改革措施出台的情况下，全国商品零售物价总水平仍比上年平均上升7.3%，12月比上年同月上升9.1%；职工生活费用价格总水平比上年上升8.8%，有些大城市上升幅度已突破10%。1987年成为改革开放以来第二个物价上涨高峰年。

“第二，国民经济结构性矛盾又开始突出出来，农业重新成为国民经济中的薄弱环节。1984年，我国工业总产值比上年增长14%，农业总产值比上年增长14.5%，农业的增长速度还高于工业；到了1986年和1987年，我国工业继续保持高速增长的势头，工业总产值分别比上年增长11.1%和16.5%；而农业增长速度则大幅度跌落，分别只有3.5%和4.7%，其中粮食仅增长2.8%，加上同一时期人口自然增长率又回升到14‰以上，仅1987年就净增人口1500多万，人均粮食由1984年的395.5公斤下降到376公斤，下降了5%，我国粮食再次由净出口转为净进口。

“第三，经济秩序紊乱，国家管理和调控宏观经济的能力减弱。在80年代中期以后，我国国民经济的运行出现失控，在生产、建设、流通领

① 王玉茹．中国经济史．北京：高等教育出版社，2008. 327.

域，混乱现象已经非常严重，其突出表现就是各种公司办得过多、过滥，远远超过了正常商品流通的需要。特别是那些官商不分的‘官倒公司’，利用价格双轨制从流通中转手倒卖重要生产资料，谋取暴利，严重扰乱了经济秩序，引起了人民群众的严重不满。

“以上几个方面的尖锐矛盾，当时有人称为‘四过一乱’，即过旺的社会需求、过快的工业发展速度、过多的信贷和货币投放、过高的物价涨幅，经济秩序混乱。”①

鉴于经济过热和经济秩序的混乱，1988 年 9 月召开的中共十三届三中全会，作出了治理经济环境、整顿经济秩序的决定。决定提出：在坚持改革开放总方向的前提下，把 1989 年和 1990 年两年改革和建设的重点突出地放到治理经济环境和整顿经济秩序上来，以扭转物价上涨幅度过大的态势。主要措施包括：第一，压缩全社会固定资产投资；第二，控制消费基金的过快增长；第三，严格控制货币发行；第四，降低工业增长速度。十三届三中全会政治报告强调：治理经济环境和整顿经济秩序是长期要注意的大问题，这不仅是一个严重的经济问题，而且已经成为一个重大的政治问题。这样，从 1988 年 9 月到 1991 年，中国经济经历了持续三年的治理整顿。

压缩全社会固定资产投资、控制消费基金的过快增长、降低工业增长速度的举措，必然使企业订单减少、开工不足、效益下降、人员过多的矛盾更加突出。“受治理整顿的影响，这一时期中国工业增长速度迅速回落。1989 年、1990 年、1991 年的工业生产增长率分别为 8.5%、7.8%、14.5%，三年年平均增长率为 10.2%，比 1983—1988 年下降了 6.3%。……但是，令人关注的是，治理整顿期间，中国工业特别是国有工业的经济效益出现了较 1983—1988 年幅度明显增长的滑坡。与 1988 年相比，1991 年国有工业企业固定资产原值产值率和利税率分别下降了 7.1% 和 7.9%，资金利润率下降了 7.5%，资金利税率下降了 8.8%，产值利税率下降了 6.2%。”②

1989 年，中共十三届五中全会审议并通过《中共中央关于进一步治理整顿和深化改革的决定》，决定认为：继续坚定不移地执行治理整顿和深

① 陈雪薇. 十一届三中全会以来重大事件和决策调查. 北京：中共中央党校出版社，1998. 431 ~ 433.

② 王玉茹. 中国经济史. 北京：高等教育出版社，2008. 297.

制止重复建设和盲目建设外，减员是一个重要途径。随着社会主义市场经济的发展和对外开放的扩大，市场竞争日益激烈，继续沿用以行政的手段保护亏损企业的办法是行不通的，必须走鼓励兼并、规范破产、下岗分流、减员增效和实施再就业工程的路子。只有把人减下来，国有企业的亏损问题才能比较好地解决。

"绝对不能因为中国人多、要就业，国有企业就多招人，那不行。企业人员过多就会导致企业缺乏竞争力，没有竞争力的企业就无法生存。……能用三个人的不能用五个人，使国有企业具有竞争力，能够参与竞争，这样才能够生存。国有企业真正有了效益后，才有条件去安置富余人员，去不断完善社会保障制度。不能让大家都在企业里混，'一个人干，一个人看，一个人捣蛋'，那样是干不好工作的，必须把另外那两个人请走，不叫他看了，更不让他捣蛋了，就留一个人在那里干。国有企业的改革和发展，减人是个方向，非减不可。"①

2. 社会负担沉重

计划经济体制下政企不分，因此企业代替了政府的许多职能，社会建设的工作如社会保障都由企业来管，职工的生老病死、子女入托、住房、读书、就业，统统由企业包下来。"据劳动与社会保障部统计，2000 年国有企业下岗职工还有 1200 万人，每年用于这部分职工的支出大体为 550 亿 ~ 750 亿元；离退休人员达 1023 万人，相当于在职职工的 22.9%，当年支付的离退休金及福利费达 603.8 亿元。再次是办社会负担重。全国企事业单位自办中小学 1.9 万所，大体占全国学校的 1/3；全国工业及其他部门自办医疗卫生机构 91081 个，其中医院 7297 所，占全国医院总数的 40%，国有企业每年用于办医院、学校的支出占销售收入的 4% ~5%。最后是不合理负担重。1996 年，国有工业企业的不合理负担达 600 亿元左右，比当年的利润总和还要多。这些支出带来繁重的成本压力，不仅直接影响其经济效益和经营积极性，而且严重制约着国有企业的发展。"② "在 2004 年初，全国国有企业自办的中小学还有 1.1 万多所，自办的医院 6100 多所。国有企业每年缴纳城市建设费和教育附加费约 500 亿元，同时每年用于办社会职能的资金支出达 456 亿元。分离企业办社会职能工作涉及面广，协

---

① 朱镕基讲话实录（第三卷）. 北京：人民出版社，2011. 18.

② 张志刚，左太行. 深化国有企业改革研究. 北京：人民出版社，2002. 147.

调难度大，并且需要一定的改革成本。”①

除此之外，企业还要承担就业、社会稳定、基础设施建设、消防、安全、保卫、武装民兵的支出负担，要接受许多地方摊派。因此，在国企改制过程中，又多了一个剥离企业办社会负担的内容。

（四）资源枯竭

说到资源枯竭，我很容易理解。在离我老家30多公里的地方，有一个保密单位，是用数字编号作为单位名称的，它主要负责开采铀矿，大家都知道那是造原子弹的。在它辉煌的时候，由于待遇好，是很多人想挤进去的单位。但是后来原子弹不造了，其实铀也挖完了，就面临着职工流动的问题。所以，因为资源枯竭的问题，又造成了一批职工流动，尤其是那些主要以资源采掘为生产条件的单位。

按资源型企业与资源型城市形成的先后次序划分，中国资源型企业与资源型城市有两种关系，一是“先企后城”，另一种是“先城后企”。所谓“先企后城”，例如人们熟知的大庆，就是由于在山区或者原本人烟稀少的地方发现了矿产，且生产规模越来越大，矿产品种越来越多，因此生产人员也越来越多。而劳动力的再生产首先要解决劳动力本身的生产，为此，生活当然也需要与之相配套，后来就逐步发展成为城市。所谓“先城后企”，则是原来已经有了城市或者较小的城市，后来发现了大矿产，带动了整个城市的经济发展。随着城市人口越来越多，城市规模越来越大，有的城市整个都升格了，如从原来的县级变成了市级，或者由原来的县级升格为地级。

但是，随着开采的持续，这些矿产当然会被挖完，皮之不存，毛将焉附，已经没有矿了，还能挖什么？“20世纪90年代以来，随着矿产资源的枯竭，我国约有700多座矿山即将闭坑或面临闭坑的威胁，大量的职工下岗失业，由于矿区矿城大都地处偏远，就业机会少，下岗失业人员就业难度更大。……

“截至2002年底，中国已有三分之二的国有大中型资源型企业正在或即将面临枯竭问题，四百多座矿山因资源枯竭濒临关闭，直接涉及300多万矿工和1000多万家属的工作和生活。”②

---

① 张卓元，郑海航．中国国有企业改革30年回顾与展望．北京：人民出版社，2008. 352.

② 赵曼，杨海文．21世纪中国劳动就业与社会保障制度研究．北京：人民出版社，2007. 9，24.

这种情况，以煤炭、黑色金属与有色金属为多，东北老工业基地更为突出。“祸不单行，在东北老工业基地面临配置性资源抽离的同时，煤炭、石油和铁矿等自然资源也逐渐萎缩。东北地区一向以矿产资源丰富而著称，但是经过几十年的掠夺性开采，大部分矿产资源逐渐呈现枯竭状态，一批依靠开采自然资源发展起来的城市，很快成为资源枯竭型城市而陷入严重的困境之中。例如，抚顺、本溪、阜新、辽源、松源、双鸭山、鸡西、鹤岗等城市，都属于资源枯竭型城市。我们通过对几个城市的个案考察来说明资源枯竭城市的情况。

“地处辽宁省西部的阜新市，是一座有代表性的资源枯竭型城市。城市规模不算大，全市有78万人口。这个不太引人注目的小城曾经是新中国最早建立的煤电生产基地之一，为国家经济建设做出过重大贡献。‘一五’时期，国家确立的156个重点项目中，就有四个能源项目投放在阜新。阜新对国家的回报是十分可观的，到2000年底，阜新累计发电1500亿千瓦，生产原煤5.3亿吨。……

“2002年底，阜新已有15.6万人下岗失业。随着资源的逐渐减少，矿区下岗职工还将逐年增加。到2005年，阜新下岗失业人员将达17.6万人，基本上每四个人中就将有一个失业人员。而对于那些即便暂时没有下岗的职工来说，日子也并不好过。据报道，由于煤矿资源萎缩，煤炭生产不景气，阜新矿务局的资金也越来越紧张，从1994年就开始拖欠职工工资，有的单位曾拖欠职工工资长达16个月。由于长期拖欠工资，或者只能领到很低的工资，阜新20万左右的居民生活在贫困线以下，他们月平均收入不足156元。

“阜新还有一个更让人忧虑的问题——城区沉陷。由于长期以来采矿时不注意充填，很多矿区地下形成了大面积的采空区，逐渐演化为沉陷区。阜新市共有13个沉陷区，总面积达101.4平方公里，有2.7万座房屋受到不同程度的破坏，有1.52万座处于危房状态，涉及居民2.9万户、7.8万人。沉陷最严重的是阜新市新邱区，占地面积24.5平方公里，其中矿区占了17.63平方公里。目前新邱区的很多房屋普遍存在开裂、门窗变形等问题，有些房屋已经坍塌，但仍有一些人住在这里。……

“因为煤矿资源的枯竭，不仅煤矿企业大批停产和倒闭，而且与煤矿相关的一大批企业也陷入无可挽救的境地。例如，在20世纪60、70年代甚至到80年代仍然很兴旺的抚顺挖掘机厂，曾经是全国最大的挖掘机厂，其产品的产量和质量都很好，工人们进了这个特大国有企业都十分自豪。

而现在已是气息奄奄、一片萧条冷落的景象，职工人数逐年减少，已由90年代初的1.3万人减至3000多人。命运类似的企业还有：电磁场、机修厂、橡胶厂、第二纺织厂、毛纺厂、化工厂等难以列数。工业企业日趋衰落的命运很快殃及商贸、饮食等服务业，因为大批产业工人下岗失业，没有工资收入，城市居民的消费能力也必然随之萎缩，商贸、餐饮等服务业也自然难以兴旺。

"产业资源枯竭的更重要原因在于配置性资源的抽离。抚顺市的这些企业在较短的时间内由兴旺变成萧条，与资金投入和销路中断等配置性资源抽离是直接相关的。在沈阳、长春和哈尔滨等东三省的中心城市，不属于自然资源依赖性的国有企业也有很多陷入了严重困境。吉林省有一个曾是全国学习榜样的超大型化工企业——吉林化学工业集团，改革开放以来面临越来越严重的资金短缺问题，很多运转了几十年的设备亟待更新，但是因为缺少资金而无法实现。设备老化，产品质量无法提高，市场竞争力日趋下降，产品销路越来越窄，很多分厂纷纷停产或半停产。

"产业资源枯竭直接导致就业资源枯竭。在东北所有的资源枯竭型城市中，就业问题都是最令人焦急的问题，也是最难解决的问题，如前所述，有146万城市人口的抚顺市有下岗职工28.6万人，待业人员18.4万人。

"产业资源和就业资源的枯竭严重挫伤了社会成员的社会信任。无论东北老工业基地的问题有多么严重，它也从不同角度受到当代社会信息化和网络化的影响。正如吉登斯指出的那样：信任在信息化社会中已经占有基础性的地位，信任已经成为支持当代社会存在与发展的重要根据。东北老工业基地亦是如此，在改革开放初期，国有企业的职工们充满对国有经济将面临快速发展的信心，对政府提出的各种改革措施都予以支持，在工资比小商小贩低了很多的情况下，他们也不动摇对国有企业的信任，甚至开始推行下岗分流政策时，下岗职工仍然怀着国有企业终将克服眼前困难的信念，忍受生活遇到的贫困，而不去从事市场经济活动。"①

"据统计，我国20世纪50年代建设的矿山，2/3的国有骨干矿山进入中晚期，440多座矿山因资源枯竭已经或濒临关闭，导致300多万矿工下岗失业。据调查，2002年底，辽宁四个资源枯竭型城市失业人员占从业人

---

① 刘少杰．经济社会学的新视野——理性选择与感性选择．北京：社会科学文献出版社，2005.221～223.

员的比例分别为北票 47%，抚顺 47%，阜新 36%，本溪 17%。2002 年阜新城镇登记失业率为 6.9%，北票城镇登记失业率为 7.5%，2003 年抚顺城镇登记失业率为 6.5%，均高于同年全国城镇登记失业率。由于矿山企业失业人员技能单一，与就业需求不相适应，失业周期延长，生活困难，贫困深度化。”①

矿山的偏远与矿工的单一技能，还使他们与一般城市的职工再就业有许多差距。“矿工技能单一，再就业能力差，加之矿区大都地处偏远，就业机会少，职工就业难度增大，根据对 2000 年人口普查数据的分析，非资源城市下岗失业者的再就业率为 46.99%；资源枯竭城市的再就业率为 38.67%。比一般城市的再就业率低 8 个百分点。”②

（五）转变经济增长方式

1995 年党的十四届五中全会通过了《中共中央关于制定国民经济和社会发展“九五”计划和 2010 年远景目标的建议》，提出了经济增长方式从粗放型向集约型转变，其主要任务是：优化产业结构，着力加强第一产业，调整和提高第二产业，积极发展第三产业；广泛采用先进技术装备社会生产各部门，重点改造国有大中型企业，加快国民经济信息化进程，逐步实现整个经济由粗放经营向集约经营转变；大力发展科技教育，普遍提高劳动者素质，培养各级各类人才，缩小我国科学技术同世界先进水平的差距；引导地区经济协调发展，形成若干各具特色的区域经济，促进全国经济布局合理化。重点加强农业、水利、能源、交通、通信、科技、教育。同时，振兴支柱产业，培育高技术产业，促进和带动国民经济全面发展，提高经济和科技的市场竞争力。

其实，在改革开放的过程中，转变经济增长方式的工作也一直在做，例如：大力发展第三产业，改变高投入、高消耗推动的增长方式，发展高新技术产业，建设高新产业区，由粗放型向集约型转变，由“外延型”向“内涵型”转变，重视和保护环境实现可持续发展等等。在这种情况下，高投入、高消耗、低技术、资本有机构成低、污染环境以及没有前途的所谓夕阳产业等都在逐步淘汰之列。在科学技术进步的整个大背景之下，产业结构发生了重大变化。

---

① 赵曼，杨海文．21 世纪中国劳动就业与社会保障制度研究．北京：人民出版社，2007. 40.

② 赵曼，杨海文．21 世纪中国劳动就业与社会保障制度研究．北京：人民出版社，2007. 24.

经济增长方式发生了重大变化，就业人员与就业方向也必然发生重大变化，导致就业形势也更加严峻。“科学技术进步对就业的作用有正负两方面效应：一方面，科技进步意味着生产力发展，意味着新产业、新部门的出现，从而创造更多的就业机会；另一方面，科技进步会提高生产部门有机构成，从而减少吸收劳动力的数量。中国技术进步对劳动力具有排斥性。这种排斥性表现为：一是近20年来中国社会资本的增长速度大大高于对劳动力需求的增长速度，改革开放前后相比，技术进步贡献率提高了18.3个百分点，劳动贡献率减少了7.1个百分点；二是技术进步带来产业结构的重大变化，产业结构的调整使原有的陈旧、落后、技术含量低的劳动岗位减少，而新形成的工作岗位对就业者的知识水平、劳动技能、综合素质有着更高的要求，由于传统体制下对劳动者的人力资本投入有限，大量的下岗失业人员是没有受过培训的简单劳动力，整体素质偏低，不能满足技术进步的要求，‘空位’和‘失业’并存，增大了失业压力。

“我国工业化正经历迅速的‘资本深化’过程，对就业的影响表现为经济增长过程中资本对劳动力的替代。我国的就业增长弹性1952年以来不断下降，从1952—1978年间的0.42下降至20世纪90年代的0.1左右。就业投资弹性系数从1952—1978年的0.29下降至1995—2000年的0.07左右。这意味着，进入20世纪90年代后期，我国经济增长1个百分点，仅能够带来0.1%的就业增长，我国净投资额增加一个百分点仅能带来0.07%的就业增加，经济增长、资本投入对扩大就业的贡献率降到了建国以来的最低水平。如果采用劳动密集型的工业化路线，1952—1987年工业部门至少能吸纳1.86亿人，而不是现在的9343万人，工业部门的从业人员将上升1倍。‘资本深化’的工业路线使‘八五’期间累积少创造6.0%~12.4%的就业机会，‘九五’期间累积少创造就业机会达到3.7%~8.0%。”①

就业增长率缓慢下降，就业人数年平均增长率下降，投资就业增长弹性值大幅度下降，这三个“下降”是20世纪90年代以来的真实写照：“一是经济增长率逐步提高，就业增长率却缓慢下降，‘八五’期间，前者达到历史最高水平，后者降至历史最低水平。1980—1989年期间，全国GDP平均增长率为9.3%，从业人员就业年平均增长率为3%，其中城镇职工就业人员平均增长率为4.7%，国有单位职工年平均增长率为2.6%。而1990—1995年期间，GDP年平均增长率为11.9%，高于80年代的2.6

① 赵曼，杨海文. 21世纪中国劳动就业与社会保障制度研究. 北京：人民出版社，2007. 9~10.

个百分点，而就业人员平均增长率为1.3%，比80年代低1.7个百分点，其中城镇职工人数年平均增长率为1.2%，比80年代低3.5个百分点，国有单位职工人数年平均增长率为2.1%，比80年代低0.5个百分点。

“二是第一、二、三产业的就业人数年平均增长率有不同程度的下降。1980—1989年，第一、二、三产业的就业人数年平均增长率分别为1.5%、5.0%、7.0%。而1990—1995年期间它们分别是-1.5%、2.7%、7.3%，只有第三产业略有增加。

“三是投资就业增长弹性值大幅度下降，到‘八五’期间处于极低下的水平。1980—1989年期间，投资每增长1%，相应的就业增长为0.268%，而1990—1995年期间，投资每增长1%，就业仅增长0.063%，这说明，‘八五’期间，高投资增长率没有带动相应的就业增长。

“另外，随着中国经济体制改革的不断深入，市场配置资源的效率逐步提高，加上经济活动中技术进步的加快，整个国民经济的劳动生产率的增长率大幅度提高。1953—1978年全国劳动生产率增长率为3.1%，扣除1959—1970年期间的不正常因素，其增长率为4.5%。1980—1989年期间这一数字提高到6.3%，1990—1995年期间又提高到10.6%。这也使得国民经济增长对带动就业增长的作用有所下降。

“经济增长加快，既导致了经济规模的量的扩张，也使经济的结构，特别是产业结构出现了升级和调整，作为产业结构重要结构要素的劳动力就业结构也就必然受到影响。其中最引人注目的现象就是第一产业不仅不能在经济增长过程中吸纳新的劳动力就业，而且还会从中释放出大量新增劳动力和隐性失业人员，进入城镇，进入第二、三产业，与城镇就业人员争夺就业机会。另外，由于经济增长积累了更多的资本，第二、三产业日益向资本密集型和技术密集型发展，对就业增长的贡献率将有所下降。

“我国在1980—1989年期间，平均每年新增就业人员1297万人，第一、二、三产业对就业增长的贡献分别为31.3%、33.0%、35.8%。而1990—1995年期间，全国平均每年新增就业人数846万人，共计4230万人。其中第一产业减少就业2837万人，就业增长贡献率为-67.1%；第二产业就业人数为2008万人，不足以抵偿第一产业减少的就业人数，新增就业贡献率为47.5%，平均每年新增就业人数仅402万人，低于80年代平均水平；第三产业就业人数最多，为5059万人，就业增长贡献率为119.6%，平均每年新增就业人数1012万人，约为80年代平均水平的两倍。但是，‘八五’期间全国每年新增就业人数大大低于80年代水平，主要是由于第一产业释放出大量就业人员，与第三产业大量增加的就业人员相抵，使全国总的就业人数并无多大的增加。这也是‘八五’期间全国就业增长率下降的重要原因。”①

在转型过程中，生产能力过剩或严重过剩、产品滞销的问题也越来越突出，技术落后、设备老化、管理不善等问题同时爆发。国有企业到了最危险的时候。

“第三次全国工业普查的结果表明，我国多数工业产品生产能力已处于过剩状态，在调查的402种工业产品中，有82%的产品生产能力过剩或严重过剩。1995年，录像机、洗衣机、内燃机、汽车、彩电、金属切削机床、油漆等生产能力利用率在50%以下；日用精铝制品、房间空调器、复印机、农药、化学原料药、微波炉等生产能力利用率在31.3%～38.5%之间；发电设备、微型电子计算机、照相胶卷、电影胶片等生产能力利用率在25.5%以下；电冰箱、中成药、电话单机、食用植物油、轮胎外胎、自行车、摩托车、食糖、照相机和精甲醇等生产能力有四成放空，小型电子计算机生产能力利用率仅为3.5%……

“据对国有大中型企业1180种主要专业生产设备水平调查，1995年达到国际先进水平的仅占26.1%，而为国内一般水平和落后水平的则分别占33.4%和12.8%……老工业基地的情况更为严重，沈阳市国有大中型企业60年代以前的老设备占70%，有1/3的在用金属切削机床已超过了服役年限。……

“以汽车为例，我国现有在册的汽车总装厂一百一十多家，分布在全国27个省、市中，该数字已超过了美国、西欧和日本汽车生产厂家的总和；何况还有数量庞大的民用改装厂存在，生产技术水平可想而知。1990年底，我国汽车总产量为195万辆，还不到美国通用汽车公司一家年产量的20%；目前，我国达到年产30万辆这一起码规模经济水平的生产厂还没有出现，年产超过10万辆水平的企业也仅有4家。”②

三、流动职工的变化

在2002年的“两会”期间，《政府工作报告》中首次出现“弱势群

① 赵国良．脊梁·国有企业的机遇与挑战．成都：四川人民出版社，1998. 234～235.
② 张志刚，左太行．深化国有企业改革研究．北京：人民出版社，2002. 195～197.

体”字样，包括了四种人：下岗职工、“体制外”的人、进城农民工、较早退休的“体制内”人员。所以，下岗职工最大的变化就是从“主人翁”变成了“弱势群体”，他们的人生也随之发生了重大变化。

（一）生活困难

第一个变化就是从原本有固定收入成为没有收入或者只有非常低的收入，使下岗职工的生活一下子陷入了困境。“失去工作岗位使他们的生活受到多大影响？全国总工会对这部分人员下岗失业后生活来源统计表明，26.2%靠家庭其他成员的收入，25.35%靠原单位的下岗补助，15.2%的人靠打零工，9.1%的人从事个体经营，7.25%的人靠亲友接济，6%的人靠原有的储蓄，4.3%的人靠借债度日，1.7%的人靠领取社会保障救济金，依靠其他来源的占4.95%。2002年辽宁省被调查的137名下岗失业职工当中，月收入在100元以下的有111人。新华社记者在东北某城市调查，由于地方财政困难，国家规定的下岗职工生活补贴不能落实。

“……问卷结果表明，下岗对职工家庭关系的影响是比较严重的，对职工产生了较大的精神压力。当问及‘你认为父母中有人下岗是否会使孩子产生自卑感’时，33.4%的职工回答‘会的’，35.3%的回答‘可能会’，回答不会的仅占6.2%。下岗职工一般宁愿自己省吃俭用，也绝不降低孩子的生活标准，小心翼翼地维护孩子的自尊心，实际上，下岗职工自己的自尊心已经受到了伤害。……

“本书作者2000年在东北采访时了解到一种使我十分震惊的情况。由于生活困难，有些下岗的青年女工不得不到歌舞厅去当三陪小姐。每晚她们的丈夫用自行车驮着她们到歌舞厅。妻子作三陪时，丈夫们蹲在门外等候，东北人借用一部美国动画片的名字称呼在门外等候的丈夫，‘忍者神龟’。”①

“例如，沈阳这座曾经是中国最大、最辉煌的工业城市，现在流传着各种关于贫困的民间文本，大厂云集的铁西区，工人村成了‘度假村’，70万下岗职工在这个39平方公里的传统重工业区里奔波、游荡，无事可做：51岁的王亚君，4年前，21岁的儿子患上白血病，两年后去世，留下10多万元的外债，他自己也患有严重的甲亢，拖了好几年不治，因为没有钱，几乎95%的下岗职工家庭没法按时交纳医疗保险。又如，曾经是京广

---

① 杨继绳．中国当代社会阶层分析．南昌：江西高校出版社，2011. 203.

线上最饱满的一个亮点武汉市，处于不东不西不南不北，也在沉默中失落，大街小巷经常能看到一群群‘麻木’（装着灰朴朴顶篷的人力或电动三轮车）在烈日下等待或在警察严厉的注视下仓皇逃窜，这是下岗失业家庭微弱的生计支柱，使政府迟迟下不了封杀的决心。

“有一篇调查报告做了比较系统的解剖。通过对2002年哈尔滨市南岗区的调查抽样数据分析表明，在城市贫困人口中，有1/3来自经济转型之前，2/3是经济转型过程中剥离出来的、相对素质较低的劳动力。从1990—2000年这段时间里，城市贫困人口中的大多数都感到自己的生活水平在下降，尤其是下岗的工人、服务人员和干部的感受最为强烈。这种感受，一方面是由于下岗或失业的确造成了自己绝对生活水平的下降，另一方面也受到生活水平的相对差距的影响。”①

“1995年、1996年以后，在一般获益者集团利益开始受损时，很大一部分人开始从该集团分离出去，其中绝大部分是国企职工。20世纪80年代中期，随着以‘放权让利’、‘减少指令性份额’和‘建立经营责任制’为主要内容的城市企业制度改革的推进，绝大部分国企职工是这个集团的中间力量，但1995年、1996年以后的跟踪调查表明，很大一批国企职工开始从这个一般获益者集团中分离出去，进入了它下面的一个集团：利益相对受损集团。其原因主要是因为国有企业运行出现危机、经营不景气愈来愈严重，突出的表现就是出现了大批失业下岗职工。

“值得忧虑的是，这个集团整体上的利益获得，相对于获益最大者集团来讲，有迅速下滑的趋势，突出的表现是集团成员消费能力下降，这主要是因为他们对前途的忧虑。1995年、1996年以后，由于经济增长速度放缓，相对而言，他们的收入明显下降，加上医疗、住房、养老、教育收费等项制度的改革或面临改革，他们发现自己的收入基本上是三位、四位数，而将来的每项改革都需要五到六位，甚至是七位数的支出，所以他们不再敢消费了。世界现代化发展的经验表明，社会普遍获利集团的生活水平如果得不到保障，整个经济就可能因缺乏动力而放慢速度，进而影响现代化进程。

“在1978—1985年市场转型的第一个阶段，一部分脑力劳动者曾出现经济利益受损的现象，到了市场转型的第二个阶段（1985年以后），经济利益相对受损的现象转移到体力劳动者中间。目前，最为突出的利益相对

① 沈立人．中国弱势群体．北京：民主与建设出版社，2005. 58.

受损集团是失业、下岗职工群体。”①

关于职工生活困难的状况我自己也是深有体会。我父母每年在我这里住半年，春节也是在我这里过的，因此，我曾经有7年没有回过老家。前几年我回去，原单位的状况让我吃了一惊。原本这是一家中型国有企业，在20世纪80年代的时候，人均利税就达一万元。厂子里有自己的报纸、广播与电视台，热闹非凡，在当地那可是多少人向往的单位啊。但是现在马路对面的工厂区已经被卖掉，成了商品楼，晚上灯火辉煌；而马路这面老家属区里则一片昏暗，令人难以置信的是，半数单元都没有楼梯灯，黑黝黝的。原来是单元楼的住户们为了不用交那个分摊的梯灯费而自己断灯的。我在上下楼的时候只能掏出手机借光。今天的城市里边怎么还会没有电灯？住户中很多都是老人，这要摔一跤怎么得了。我感到非常迷惑。有一次父亲病倒了，我天天要坐单位的交通车去医院给父亲送饭。在车上，忘记了讲到什么话题，我给旁边的同事说起此事。没有想到，他说，没有个梯灯算什么？这算是好的了，有房子住就不错了。接着他给我讲起了他父亲的故事：他父亲是县里的粮食系统的职工，不知道出于什么原因，在前些年里单位没有给大家办理房产证，由于单位欠债很多，不知道什么时候，又将这些房子与地皮卖掉了，最近，开发商开始来驱赶他们。这些七八十岁的退休老人不知道如何是好。我听了睁大眼睛无语，反而对自己父母那没有梯灯的情况庆幸起来，因为毕竟他们还有房子住，能够领取1000多元的退休金，还有医保。

陆学艺的调查反映了这个问题：“尤其值得注意的是，在改革开放的过程中，有些阶层在逐渐丧失其曾经拥有的某些结构性或体制性资源，以致整个阶层的地位出现下降的趋势。例如，在改革开放以前的社会阶层结构中，合肥市公有制工人的社会地位、收入水平处于中上层次，而自1980年以来，随着改革的深入、市场化进程的加速，他们的收入水平相对下降，在社会权力格局中的地位也逐步下降，以致整个阶层已成为现阶段合肥市社会阶层结构中的被支配阶层。”②

孙立平曾作过如下总结：“城市中的工人，在改革的过程中不仅逐步失去了种种过去令人艳羡的福利待遇，而且其中有几千万人失去了过去以为不可能失去的‘铁饭碗’。即使没有失去饭碗的，不仅也面临失去饭碗

① 刘晓凯．利益分化与政治稳定．北京：人民出版社，2008. 60～61.

② 陆学艺．当代中国社会阶层研究报告．北京：社会科学文献出版社，2002. 302.

的压力，而且原来能够令他们自豪的经济和社会地位也一去不复返了。”①

（二）“啃老族”产生

“一大批40岁年龄段和50岁年龄段的国有企业职工下岗失业后找不到工作，仅靠社会最低保障金的救济无法维持日常生活，如果他们的父母有退休金的话，他们可以从父母那里获得一些帮助，人们把这种现象称为‘啃老’。……人们不会因为‘啃老’而去指责下岗失业人员不孝敬自己的老人，因为人们都知道，下岗失业人员‘啃老’都是万般无奈、无路可投的结果……

“‘啃老’现象进一步说明东北老工业基地国有企业职工群众的艰难境遇，也可以说，‘啃老’现象的出现是经济体制改革、发展资源枯竭和再就业资本枯竭等多种因素的综合效应。并且，这些因素的任何一种如果能向好的方面转化，‘啃老’现象都不至于普遍发生。‘啃老’现象说明时下的东北老工业基地是一个病态社会，这个社会的功能发生了逆转，年富力强的中年人不但不能承担供养老人和抚养子女的责任，反而要没有劳动能力的老人分担自己的生活费用。”②

“2003年12月10日的《中国青年报》有一则短文，题为‘一位昔日矿工的窘境：人到四十爹妈养’。讲的是矿工石爱国（化名）当初以为自己可以和父亲一样在矿上干到退休，但是现在，煤没了，矿关了，人散了。具体经历是：

“2001年3月，阜新市的东梁矿、平安矿、新丘矿和新丘露天矿一起宣告破产，石爱国和其他矿工一样拿到不足万元的安置费后，下岗了。‘开始，怎么也接受不了。天天在家睡觉，睡不着就在床上躺着。但是光躺着也不是个事儿，总还没到等死的份儿上，于是，就起来琢磨找事儿干。’

“2001年5月，阜新市新班子上台，阜新也开始了转型的尝试——发展现代农业和农产品精深加工业。政府规划租用周边12个乡镇农民的8000公顷土地，建设50个农业园区以及200个以养殖为主的专业小区。石爱国就在碱巴拉荒农业园区开始当起了‘农民’。

“当时，下岗职工进入农业园区有3种模式，石爱国选择了村里出资

① 孙立平．重建社会——转型社会的秩序再造．北京：社会科学文献出版社，2009. 137.

② 刘少杰．经济社会学的新视野——理性选择与感性选择．北京：社会科学文献出版社，2005. 252～253.

包建棚舍、由下岗职工租赁。‘心里当时很不是滋味，人家农转非，咱们非转农。’但是，农民也不是人人都能当好的，地里刨食也不像某些媒体宣传的和自己盘算的那么容易。他先种蘑菇后养花，一来二去，就把安置费都赔进去了。

“断了当农民的念头，他又发现隔壁卖报纸也能赚钱。和妻子一商量，就卖报纸了。可是，隔壁已经卖好几年了，熟客很多。他们夫妻两个从早晨7点忙活到下午6点也挣不了几块钱。又赶上市里美化街道，街口不让卖报了。

“后来，他又去蹬过三轮车。几个原来矿里的兄弟都在干这个。但是，他不行，膝盖受过伤，蹬一天下来就受不了。

“现在，按照他的说法，在当地轻松一点的活儿找不到，繁重的活干不了，重新学技术也很困难——没钱，年龄也大了。

“石爱国说，‘家里没有进项，就开始在父母身上打主意。父母前几年就退休了，每人退休金养老金500元左右’。很多没辙的时候一家人就去‘老爷子’那儿吃，吃完就走。‘开始心里也过意不去，抬不起头，常常怨恨自己，怎么就这么没用？但是，这样做，我不是第一个，也不是唯一的。后来也就无所谓了。不过说实在的，父母从来也没有真心撵过我。’

“以后怎么办？很明显，老人也不会养儿女一辈子，而且越往后，他们自己用钱的时候也越多。‘没想过。过一天看一天，大伙不都这样吗。怎么也不会挨饿吧，等明年春上再想办法挣钱。’他眼睛盯着窗户。”①

（三）社会与政治地位下降

社会地位下降。“以前，国有企业工人被描述为主人翁、领导阶级。现在流行的官方话语，也仍是把工人比作‘过去的象征’，但是工人的地位内涵发生了变化。在改革前，‘主人翁’这种地位身份背后支撑的是许多实际的权利和利益，如获得稳定的工资、各种社会保障、政治参与的机会以及较高的社会地位、相应的社会尊敬。而在改革后，与之相联系的权利与利益却名存实亡，尤其工人的社会尊重下降得最明显。在这一方面，最重要的体现是，她们被认为是‘低素质’的群体，因此，就应该列入改革被淘汰之列，必须做出牺牲。下岗失业女工‘低素质’这一包括智力的、道德的和身体的贬损含义的用语，经常被用在官方的、媒体的和大众

---

① 沈立人．中国弱势群体．北京：民主与建设出版社，2005. 62～65.

日常的话语中。这强大的声音，促使下岗失业女工内化这种含义，下岗失业女工不得不认同这种让她们下岗的借口，改变着心目中对自己的看法与评价。

“对‘低素质’作为下岗理由的看法，访谈合作者提出对自己素质的看法有两种：

“一是，承认自己素质低，有工人认为：现在我们人处中年，面临下岗，我们不能谴责任何人。社会是严酷的，就如同小平同志所说——落后就要挨打。因为我们受教育少，在文化和才能方面我们是落后的。假如你是落后的，你的生活就不会好；假如你的教育水平低，你的生活标准也是低的。

“在主流的话语中，下岗失业女工失去了自己的话语权。

“二是，和盛行的主流话语形成鲜明对比：大多数访谈合作者认为自己的下岗与自己的工作绩效无关。在整个工厂中，几乎所有人或多数的人下岗，因此它不是由个人问题造成的。一些访谈合作者认为她们的下岗应由个别领导的腐败，或由当地改革政策实施的失败承担责任。还有一些人说，这是经济体制改革不可避免的结果。

“下岗不是我们自己造成的，它是企业或社会处境造成的，因此我们不能接受它。……

“有关‘素质话语’服务于政治功能。把下岗责任归于个人的低素质，而不是归咎于阻碍她们发展的体制，这是不公平的。正是体制没有给她们提供接受教育和不断提高素质的机会，现在却让下岗失业女工独自承担‘低素质’的责任。”①

“中国人是十分注重子女教育的，下岗失业女工把自己的下岗失业的原因归于受教育太少，而更加对下一代充满期望，把自己和孩子的希望寄托于教育，实现向上流动，因此重视对子女教育的投入。用下岗失业女工的话说：‘砸锅卖铁也要供孩子读书’。

“我不希望我的下一代也贫困，不希望我的下一代不能跟别人享受同等的教育，就是说社会不管怎样也不应该剥夺他们受教育的权利——我侄女去年中学毕业，就差了一分没考上，她家就没有钱供她，上三类议价都没有钱。你也不可能有过多的机会了，就是说，下岗职工的低收入，就有

① 石彤．中国社会转型时期的社会排挤——以国企下岗失业女工为视角．北京：北京大学出版社，2004. 113 ~ 114.

可能把她的下一辈那个比较聪明的孩子，比较拔尖的孩子也都埋没了。

“我们就不能挡孩子的路，挡孩子路的话，那孩子以后更苦了，反正我就有最深刻的体会，现在就是什么呢？落后就要挨打，落后就得挨饿，就得挨穷，首先呢，第一呢，我就拼了命也得供孩子上学，就是卖了血也得供孩子上学。”①

“落后就要挨打，落后就得挨饿，就得挨穷”也许有一定道理，但是如前所述，这并不是工人下岗的主要原因。

政治地位下降。“工人和农民代表的比例随着时间的推移而变得越来越小。从 1977 年到 1999 年的 23 年间，在市、县、乡三级人大代表当中，工人和农民代表的比例变化不是很大，但是，在最为重要的全国人民代表大会和比较重要的省级人民代表大会当中，其代表的比例迅速降低。比如，在全国人民代表大会当中，工人和农民代表的比例从 1977—1981 年的 26.74% 和 20.59% 分别迅速下降至 1983—1984 年的 14.88% 和 11.69%，又降至 1993 年的 11.5% 和 9.40%，再降至 1996—1998 年的 10.84% 和 8.06%。在省级人民代表大会当中，工人和农民的代表比例也呈现出明显下降的趋势。与之形成鲜明的对比的是，国家、省级人大干部代表的比例在剧增：从 1977—1981 年的 13.38% 和 19.32% 迅速增加到 1983—1984 年的 21.35% 和 23.58%，又增加到 1993 年的 28.37% 和 49.85%，1996—1998 年在全国人大中的比例增加到空前的 33.17%。”②

“改革前，国企职工是社会地位和社会身份都比较高的群体，国企工人曾经是人人羡慕的职业。改革后，随着国企的不景气，国企职工的地位有所下降，现在又遇到失业的现实，更使人有一落千丈之感。我国失业下岗人员目前的困境来自两个方面：一是获取‘一般性’的再就业机会不少，但找到‘体面’的再就业岗位很难。计划经济时期大企业中的工人大都仅掌握 1~2 种生产技艺，在当前这样一个社会转型，社会职业特别是服务业异常发达的社会，这部分人显得无所适从。二是面对来自高校毕业生就业潮的冲击。20 世纪 90 年代，中国高校招生机制发生变动，全国高校普遍扩招一大批学生，这一大批高校学生即使读到研究生的，目前也正好到就业时期。与这部分就业人员相比，失业下岗人员无论是年龄、文化知

---

① 石彤．中国社会转型时期的社会排挤——以国企下岗失业女工为视角．北京：北京大学出版社，2004. 123.

② 吴忠民．走向公正的中国社会．济南：山东人民出版社，2008. 120.

识等方面都没有优势。

“但失业下岗人员从不和这些贫困地区的农民比较，也不和没下岗以前的生活相比较。这种心态，在理论上称作‘相对剥夺感’或‘相对丧失感’。相对剥夺感，促使失业下岗人员往往以国有企业管理者的生活作为参照。……

“在未来的一段时间里，有一种可能性，即失业的主体将从年纪大的一代人转为年轻的一代人。

“利益的获得与受损是一个过程，形成社会底层、中层和上层是利益分化的结果。

“作为利益绝对受损的社会底层群体，有经济底层与政治底层之分。政治底层，主要存在于改革开放以前。1949—1978 年，中国并没有经济意义上的底层社会，那时大家生活水平都不高，城市里也没有明显的‘贫民窟’之类的现象。但改革以前，中国社会确实存在着政治底层群体，比如‘地富反坏右’就是当时社会的政治底层。经济底层产生于改革开放之后。所谓‘底层群体’是指经济收入低于贫困线以下的社会群体。”①

① 刘晓凯．利益分化与政治稳定．北京：人民出版社，2008. 65 ~66.

第五章

实事求是，国营工业企业职工队伍分析

一、国营工业企业职工队伍的构成

判断国企职工的状况，首先要对国企职工的来源、成分及构成进行分析。在与我共事过的职工中，20 世纪七八十年代国营工业企业的职工队伍主要由以下 8 个部分组成：

1. 新中国成立前的老工人、公私合营后的留用人员（“资本家”）及其子女

这部分人虽然人数很少，但他们技术好，能解决技术难题，很多新产品都出自他们之手，为企业立下过汗马功劳。他们大多是七、八级工，是全厂瞩目的人物，也是青工们崇敬的人物。虽然那些公私合营后的留用人员（“资本家”）及他们的子女无一例外在“文革”期间受到批斗，但是他们被“解放”出来以后，又备受人们尊敬。即使在他们没有被“解放”的时候，多数青年工人是不管他是否是“资本家”的，谁技术好就崇拜谁。他们中有的开发过在省内、国内领先的产品，有的退休后又被返聘直到企业凋零或者被卖掉。

我曾经与多位“资本家”及他们的子女共事过，他们中有的和我就在一个班组，说是资本家但比今天的“私营企业主”小多了，有的有 5 台机床，有的有 2 部汽车。其中有一位从上海内迁来的师傅就是那种“资本家”子女，与我在一个班组里共事将近 10 年，我对他的工作比较了解。为什么只了解“工作”呢？因为他对于过去家里的事情是从来不说的。他从上海“内迁”到一家大矿上工作，“文革”中挨了批斗，被“解放”以后，又支援我们地方小厂。在他还没有到来时，他的传奇故事就已经在职工中传开了：13 岁就在自己家的工厂“参加工作”，当时 33 岁已经是七级工，关键是未婚。据说有一级工资是他在矿山工作时矿长破格加给他的，因为矿长的手枪坏了，到处修不好，所以悬赏一级工资，结果他给修好了，这件事情轰动全矿。若干年之后我终于忍不住问他这件事，原来修枪的事是有的，加工资的事是没有的。

把他放在我们机修班是因为金属切削机床的加工如车、铣、刨、磨、镗床他可以“通吃”，无所不会，无所不精，而放在某台单一的机床顶岗，简直就是浪费。只有在关键零件加工、别人都加工不了或者加工达不到理想要求的时候，才会安排他出马，这样放在机修班应该是最合适的了，可以随时解决各种疑难问题。在加工前，他绝不会轻易动手，会对着图纸琢

磨半天，要不就精心地准备他那各种各样格外漂亮的刀具，有时想了一天也许都没有想明白，干脆就第二天再来，原来是晚上回家查资料去了。小学毕业的他竟然通过自学学完了机械制造专业的全部课程，获得了函授教育的大学文凭，这种情况那个时候是不多的。只要他一开始动手干活，谁都没有他速度快。如果是小零件在车床上加工前的调校，他只要敲三下。有一次我们在旁边嘀咕，他不解地问我们在说什么？我们不约而同地举起三个手指说“三下”，可是第二次敲下去反而误差更大了，他笑了笑说：“牛皮吹爆了吧？”我们肯定地说不会，结果第三次敲下去零件果然归于中心。观看他的操作，简直就是一种享受：他可以使铁屑变成不同的形状，要它飞哪就飞哪；他加工的零件精确度高，几乎是要什么尺寸就可以达到什么尺寸；由于他的刀具磨得与众不同，在转速与走刀量的选择上也与别人是不一样的，因而加工的零件光洁度更高。除了加工以外，在修理方面他竟然也很快超越了我们，只有几项要靠力气的基本功如铲刮除外。到后来凡是我们修不好的东西他都能够修好，技术科碰到技术难题也常常来找他，职工们对他真是佩服得五体投地。

2. 1958 年“大跃进”年代招工进厂的老职工

这里指的是没有回乡，还留在企业的职工。因为在 1961—1963 年间，国家精简下放了将近 2000 万职工。大致情况是这样的：1958 年“大跃进”的时候，各地出现了大办工业的热潮，全国各地兴建的中小型厂矿更是如雨后春笋。“大跃进”的结果，一方面致使城镇人口大幅度增长，另一方面粮食产量大幅度减少，致使粮食的供需矛盾十分尖锐。1959—1961 年在共和国历史上被称为“三年暂时困难时期”。为了克服严重的经济困难，1961 年 1 月，中共八届九中全会决定对国民经济实行“调整、巩固、充实、提高”的政策，此后又针对“大跃进”造成的全国职工队伍和城镇人口急剧膨胀的问题，作出了大幅度精简职工和城镇人口的决策。因为，按照陈云的说法：只有两条路可供选择，一是继续挖农民的口粮；二是城市人口下乡。两条路必须选一条，没有什么别的路可走，所以只能走压缩城市人口这条路。

中央七千人大会和西楼会议后，大规模的精简职工和减少城镇人口的工作全面展开。1962 年 2 月 14 日，中共中央印发了《关于 1962 年上半年继续减少城镇人口 700 万人的决定》；1962 年 5 月 27 日，中共中央、国务院作出了《关于进一步精简职工和减少城镇人口的决定》。为了做好精简工作的解释动员，中共中央在 1962 年 5 月下发了两份党内秘密文件：《关

于减少职工和城镇人口的宣传要点》、《关于热情接待下乡职工的宣传要点》。这场大精简是迫不得已的，在这个过程中，没有出现社会动荡，没有出现人们曾担心的大乱子，在两年多的时间里，将近2000万职工被精简到了农村。由于不能公开否定“总路线”、“大跃进”和“人民公社”这“三面红旗”，这项涉及2000万人口的大精简，当时没有作任何公开的宣传报道。为了得到人民的理解与支持，中央发出了上述两份党内秘密宣传提纲，检讨几年来工作中出现的失误，公开承认国民经济遇到了严重困难，向全国人民就为何要进行大规模的精简作了解释。将近2000万职工没有二话打起背包就回到农村。工人阶级以他们个人利益的牺牲换来了共和国经济的复苏，真是感人至深！

“党史二卷”对这个事情有简短的叙述：“大力精简职工，减少城镇人口。五月会议决定，1962年内再减少城镇人口1000万，动员那些‘大跃进’运动中进城的农民临时工返回农村，同时动员一部分家在农村的职工回乡务农，以减轻供应城镇粮食的负担。周恩来直接抓这项工作。经过努力，1962年实际减少城镇人口1048万，其中精简职工850万人。从1961年到1963年6月，全国共精简职工1887万人，减少城镇人口2600万人。周恩来当时说：下去这么多人，等于一个中等国家搬家，这是史无前例的。”①

所以，我进工厂的时候所共事的是1958年前后进厂的职工，即当时没有被精简下放的职工，因此多数是城镇居民。因为精简下放的去向是农村，主要是解决吃饭问题，所以大多数被精简的职工是来自农村的。在20世纪七八十年代，这批人由于思想好、工龄长、技术好，成为企业的骨干。之所以说他们“思想好”，是因为他们自身有新旧社会的强烈对比，又亲历了“三年困难时期”与职工精简下放，因此格外珍惜工作机会，工作很努力，在与他们共事的过程中，我明显感觉到这一点。因此，劳动模范、优秀共产党员与先进生产者很多出自这一批工人群体。

1972年，中央为改变长期没有加工资的局面，曾经实施了一个“60三、57四”加工资方案，即1960年以前参加工作的三级工以及1957年以前参加工作的四级工，各加一级工资，分别成为四、五级工。他们生活上的特点是家庭人口多，生活负担重。那时的三级工工资为42元（三类地

---

① 中共中央党史研究室．中国共产党历史（第二卷　1949—1978　下册）．北京：中共党史出版社，2011. 601 ~602.

区），而在当时，以这一工资养4口人是较普遍的。根据职工困难补助办法，在我们那儿属于人均生活费低于8元的（各地标准有所不同），也就是养6口人以上的，可以向工会申请生活困难补助，一般一年补助一至二次，多的20元，少的5元，但也要经过从班组、车间到厂工会委员会的反复讨论才批准。粉碎“四人帮”以后的1977年，这批工人又获得一次加工资的机会，也就是从那时候起，1957年以前参加工作的职工最低已进到六级工，1960年以前的达到了五级工。

3. 复员转业与退伍军人群体

复员转业与退伍军人大规模进入国有企业有好几个年份。“文革”后期直到80年代初复转退军人比较多。少数是“三支两军”期间就来到工厂“支左”的干部，级别高的在“三支两军”中担任过厂革委会副主任的，留任副厂长或工会主席；级别不够（要降一级使用）的就算担任过厂革委会副主任的，也只能改任当保卫处处长或车间党总支书记等“闲职”，因为他们一般不懂技术。多数来到企业的是退伍军人，由于不是干部身份，全部作为工人使用，在技术上他们得一切从头来过，但一般不用经过学徒期，直接为二级工，即使军龄只有2年（技术工种要3年学徒、1年一级工，一般升到二级工需要4年）。

这些从军人成为工人的特点是素质较好，很多都是党员，因此不少人在较短的时间内担任了班组长或进入供应、生产、销售等岗位，有的后来还逐步担任了企业的中层干部如车间主任、科长、车间党支部书记，还有一些人进入厂级领导班子。他们较快地成为国有企业的骨干力量，也是文艺体育方面的骨干力量。他们中的不少人还曾经打过仗，我工作过的企业就有一些这样的退伍军人。在工作时，他们会津津乐道于他们在部队生活与打仗的故事，我们也很愿意洗耳恭听，并打探各种故事。在我的同事里，有炮兵出身到过越南进行援越抗美的，也有作为海军参加过西沙之战的，一些人还立过军功，因此很有资本，单位对他们也很器重并有意培养。

由于他们曾经是军人，因此他们成为当时的武装基干民兵队伍里的骨干，担任排长、连长类的职务。在“要准备打仗”、“全民皆兵”的条件下，人员集中，组织性、纪律性、集体观念强的国企工人民兵队伍，加上有不少复员退伍转业的战士与干部为骨干，自然是整个民兵中素质最好、战斗力最强的队伍，在军区组织的各类比武大赛中，经常能够拿下各种奖项。他们还有一个优势，就是具备机械、电器、物理、化学等方面的知

识，他们不但能使用枪炮，而且能修理枪炮。一些军工企业的武器就是他们生产的，武器试验、调校、改进就来自于他们的劳动。

就我自己来说，担任武装基干民兵仅仅 6 年，但在这个过程中，大大提高了自己的组织性、纪律性和集体观念（现在称为“团队精神”），更锻炼了自己的身体与军事素质，弥补了没有参军当兵的遗憾。在这个队伍中，我参加过救灾、抢险、支农、保卫、搜索等工作。

4.“面向工矿”的知青

1969 年，国家发出“四个面向”的号召，即“面向农村、面向边疆、面向工矿、面向基层”。因此，在大规模的知识青年下乡热潮中，也有少数人“面向工矿”而成为当时的幸运儿，他们一般是“老三届”的初、高中生。因为他们的文化程度较高，所以很受欢迎。与其他同学相比，他们比较幸运，能够进入工厂，因此也特别珍惜自己的岗位，是当时工厂中一支活跃的力量，也是当时工厂文艺、体育的骨干。若干年后，他们成为企业的生产骨干，有些人通过工厂自办的职工业余大学、“七·二一”大学(1968 年 7 月 21 日《人民日报》传达了“最高指示”:“大学还是要办的，我这里主要说的是理工科大学还是要办的。但学制要缩短，教育要革命，要无产阶级政治挂帅，走上海机床厂从工人中培养技术人员的道路。要从有实践经验的工人农民中选拔学生，到学校学几年以后，又回到生产实践中去。”因为发表时间是 7 月 21 日，故一些国营企业办的职工大学或职工业余大学被称为“七·二一”大学）的学习，走上了技术岗位或者管理岗位，有的后来还转变身份成为“干部”。在生产第一线的，有的担任了生产调度、质量检验或者车间主任等技术性较强的职务；有的作为“工农兵”学员，学习之后回到工厂成为具有“干部”身份的技术员；还有的在恢复高考后考上了大学，毕业后又回到原企业。这是企业一支生产、技术上的重要小分队。随着年龄的增长，他们在工厂结婚、生子，如果不是由于下岗的变故，他们的子女也可能像他们的父辈一样，“顶职”进入工厂成为下一代职工。实际上在那些没有倒闭的企业，不少人就是这样。

5. 1970—1971 年大规模招工进厂的职工

我自己就是这次大规模招工中的一员。1970—1971 年，在工农业“两个突破”建设中，工厂招了一大批人，正是在这个档口，我初中毕业后有幸进了工厂，而没有成为“下乡知青”。事情是这样的：“为了实现毛泽东于 1966 年 2 月重新提出的到 1980 年‘基本上实现农业机械化’的目标，也为了适应战备需要，国家对地方‘五小’工业（主要指地县办的小钢

铁、小机械、小煤窑、小化肥、小水泥工业）进行了新的部署。1970年2月召开的全国计划会议强调各地都要建立自己的‘五小’工业，形成为农业服务的小而全的工业体系。从1970年起的五年中，中共中央安排了80亿元扶植地方‘五小’工业，并制定了一系列优惠政策。于是，地方‘五小’工业蓬勃发展起来。仅1970年全国就有近300个县市兴建了小钢铁厂，90%的县建立了农机修造厂，二十多个省、市、区建起手扶拖拉机厂、动力机械厂和农机具制造厂。与1969年相比，地方小钢铁工业的炼钢能力增长1.5倍，生铁产量增长1.8倍，小化肥厂生产的氮肥、合成氨增长60%～70%，小水泥厂、小化肥厂的产量占全国总产量的40%，以小煤窑为主的南方各省煤炭产量增长70%。

“这些地方‘五小’工业在国民经济建设中发挥了重要作用，大大促进了农业机械化和农业技术改造的进程。到1975年底，地方‘五小’工业的钢、原煤、水泥、化肥年产量分别占全国的6.8%、37.1%、58.8%、69%。全国小化肥厂有1300多个，合成氨产量比1964年增长18倍，使农业化肥施用量增长4倍多。全国农业机械总动力达一亿马力以上，比1964年增长了近10倍。其中，手扶拖拉机、脱粒机分别增长了45倍和23倍，过去农村没有的机动水稻插秧机、收割机、饲料粉碎机分别拥有3.2万部、17万部、94万部，电动碾米机、轧花机、榨油机比1964年分别增长10.4倍、1.8倍、11.8倍。……1970年、1971年，仅县办工业就新增职工2400万人。”①

在这次大规模招工中，一些前几年下乡的知青成为幸运儿进了工厂。他们本身有着城乡差别、工农差别的深切体会，而且还有相当多的知青哥们儿仍在农村，会经常交流他们当下的生活状况。这一方面加强了工农联系，另一方面通过鲜明的对比，使他们更加珍惜现有的工作。随着技术上的进步，他们成为50年代进厂老工人的接班人。这些人的特点是文化程度相对较高，在“文革”及大串联中“经风雨见世面”，更有闯劲与创新精神。他们中的有些人还有一技之长，如书法、绘画、写作等。其中的一些人成为工矿工会、宣传方面的骨干，甚至有人获得晋升的机会，被上级政府机关调用。

---

① 齐鹏飞，杨凤城．当代中国编年史（1949.10—2004.10）．北京：人民出版社，2007.386～387.

6. 支内、支援“三线”建设的职工

在不少中小企业活跃着一批大城市支援内地建设、支援大小“三线”建设的骨干力量（有些“三线”后来转为非“三线”，有些从当时的“三线”抽调出来支援当地的厂矿）。他们中有工程技术人员，更多的是技术工人。在20年的工作生活中，我接触过很多这样的师傅，他们给我很大的帮助与指导，甚至对我的人生产生过影响。这是因为我们进工厂的时候，这些“支内”的同志就是师傅了，至少是二级工。虽说我们参加了工作，但才16岁，仍然是孩子，而他们除了是师傅以外，已经是“大人”了。这里仅述一例。

我之所以说其中有些人甚至对我的人生产生过影响，并非夸张。工厂有这样一位上海师傅，因小儿麻痹症，眼睛有残疾，一只眼睛睁不开。虽然曾经是工人身份，但读过技校，加上长期的自学，竟然成为技术科科长，管理着一批老牌工科毕业的技术人员。在工厂，要使人佩服，那是得有本事的。作为青年工人来说，对所有比自己工龄长的师傅都是非常尊重的，师傅之间的评价必然会对我们产生很大的影响。我说的这位师傅以其一介工人之躯，在1975年第1期《水泵》（行业内的最高水平刊物）杂志上，发表了一篇关于铜硅耐酸水泵研制的文章，文章刊发在杂志第一篇，编者还为此加了卷首语，对他的试验成果及其应用前景大加赞扬，对他自学成才称颂不已。我当时对此非常佩服，因为这就是我想走的自学之路。凭借与他的交情，我把这本杂志借来读了一个月，虽然论文在当时不能完全看懂，各种数据、曲线更是云里雾里，但是编者按语是看得懂的。我暗暗下定决心，一定要通过自学，也弄出一个与师傅差不多的贡献来。后来我经常去向他讨教一些自学的经验。给予我类似影响的师傅还有很多。

7. 工程技术人员

工程技术人员是国企的中坚力量、脊梁。如果没有这样一支队伍，工厂就几乎没有办法运转。我进工厂的时候，是知识分子被当作“臭老九”的年代。但是在多数工厂里，他们仍然很“吃香”，这个情况可能与别的行业有所不同，也许是因为在生产上时时刻刻离不了他们。当时我们进厂的新工人对他们肃然起敬、顶礼膜拜，因为我们想学技术，对一切有技术的人都这样。当然，知识分子被搞“臭”的影响还是有延续的。到了80年代，文凭开始吃香，有哪家职工的孩子考取了大学，都会敲锣打鼓、燃放鞭炮、摆几桌酒席庆贺一番。记得有一次开职代会讨论改革奖金分配问题，有工人代表发言认为工程师奖金高于工人不合理，说他们读个大学文

凭没什么用，例如生产中的某种技术问题，工程师解决不了，最后还是工人解决的。当时一位总工程师办公室主任将其好一顿斥责："我们读大学怎么了，我们有文凭也是考上去的。不要说考大学，你们的子女现在考上大专甚至中专不也要摆酒席、放鞭炮吗？怎么我们的文凭就不值得尊重了呢？"一番话说得大家纷纷点头称是。

厂部不仅设有技术、工艺、产品开发研制、质量管理等技术部门，车间里一般也有一至二名甚至更多的技术人员，以便随时解决生产中存在的技术、工艺、质量等问题。那时，招进工厂的不管是中专、大专还是本科生，在走向专业技术岗位以前，都要在车间班组实习锻炼一年以上，以便熟悉产品及各生产环节。实习期满以后，有的被车间看中，就被要求留在车间里了，有的则被分配到各技术或者管理部门。我工作的班组里就来过很多批次这样的技术人员，有一位还送我一套他读书时用的绘图仪，我一直珍藏至今。有许多技术人员愿意留在车间，工人们也很喜欢并且非常需要他们。在机修车间，就有技术员一蹲就是好几年，负责机床设备的零部件测绘、加工、检测或者与工人共同商定修理方案等等。在共同的生产劳动中，工人们有什么不懂的问题，尤其是一些计算类的理论问题，都会向他们请教。工人们在这个氛围中技术业务提高得很快。工程技术人员也会经常向工人请教，尤其是工人中的技术尖子、"权威"等，工人们会把长期在工作实践中摸索出来的经验、技巧、规律传授给他们。当然，有时他们会为一个技术上的问题争得面红耳赤，甚至打赌，赌注是一包烟或一顿饭等等。

8. 技校毕业生与"顶职"的青年工人

技校毕业生不用经过 3 年学徒，直接定为一级工，但是与中专生不同的是，他们属工人编制，而中专毕业生属干部编制。他们与直接从社会上招收的工人相比，较显著的优势是理论知识强，从零部件的测绘、画图到加工工序的安排，技术员担任的活基本可以胜任，因此很受领导的器重，经常成为攻关小组的依靠力量。有些人从班组长、车间生产调度做起，一直做到车间主任，后来有的成为技术人员，有的成为生产、供销、检验等管理岗位的骨干。在与他们长期共事的过程中，我发现通过技校培养技工并通过长期实践晋升为高级技工是一条很好的途径，因此应该大力发展职业教育。

企业还有一个较小的群体，就是后来为人们诟病的"顶职"，即父母因工死亡、退休或去世以后，他们的子女可以"顶替"这一缺额而进入厂

验、销售、售后服务。对这八个环节要实施严密监控，并且通过畅通的反馈进行改进，从而实现全企业、全员、全过程的管理，确保产品的品质。

在这个管理系统中，有一种质量攻关小组式的组织，叫 QC 小组。这种 QC 小组由企业的干部、技术人员、工人三结合组成，共同解决生产、产品质量、设计、工艺等技术问题。在 80 年代，这种 QC 小组在全国企业中有 130 多万个。刚刚开始实行这种管理方法的时候，有关部门曾经组织考察团赴日本考察，包括丰田公司这种在推行"全面质量管理"方面著名的企业。他们会奇怪地问：QC 小组是我们从你们那儿学来的呀，怎么你们还来参观我们？学习我们的什么呢，就是我们的"两参一改三结合"？（即"鞍钢宪法"规定的干部参加劳动，工人参加管理，改革不合理的规章制度，工人群众、领导干部和技术人员三结合。）当然他们也有所创新，比如运用了一些现代管理技术的图表如排列图、散布图、因果图、直方图、控制图等，总结了影响产品（工作）质量的人、机、料、法、环（即生产者、机器、材料、方法、环境）五大因素。但"三结合"的实质即"两参一改三结合"的精髓是我们的。

随着企业改革的进一步深入，在管理手段不断提升的同时，企业的分配问题越来越突出，稍有不公，比如在奖金的扣、罚、奖方面，就会引起职工的内心不平从而降低工作质量。

三、国营工业企业职工的工作

就自己在工厂工作 20 年、生活 35 年，并且跑过不下于 200 家厂矿的亲身经历与亲眼所见来看，我认为：国有企业的大多数职工是努力工作的，是勤奋、刻苦、爱岗敬业、以厂为家、颇具"主人翁"精神的。即使一些效益不好的企业，即使"三个人的饭五个人吃"的企业，就大多数职工而论，这一结论也是成立的。这与我在书本上看到的没有论据的"工人不努力"的"论断"大相径庭。

（一）国企的大多数职工是努力工作的

还在学徒期间，我就曾经受工厂委派跟师傅去一家煤矿安装设备。在设备安装的过程中，我们多次去到井下，有些是 100 多米深的，最深的有 280 米。有一次，矿上的同志带我们从出风井爬出来，要通过的出风巷道不足一米高，只能容纳一个人爬行，我担心它随时会塌下来。虽然是通风

道，氧气很足，但我还是紧张得透不过气来。后来，我因工作关系还多次到一些煤矿的井下。其实，在这样窄低的巷道里，在每天的24小时里，都不停地有人在爬行，他们是在一些薄煤层的地方挖煤，然后装入竹筐，肩膀上套一根纤绳跪着或爬着把挖的煤拖出来，送到主巷道再用矿车送走。看到这些场面，我为工人阶级的苦干精神感到光荣，为自己身在这支队伍中激情澎湃，我很想为他们做些什么。我想说，在地面上享受着阳光与月光的人们，你们可知道，每天的24小时里，有多少人在你们脚底下的几百米深处肩负重荷，正在爬行？有多少工人还在高炉前、发电房、机器旁挥汗如雨。仅仅是“三班倒”的作业制，就令人难以忍受。从午夜12点到早晨8点是人最困的时候，但上这个班的职工却要去从事紧张细致的工作，那可是丝毫不能出错的呀，稍一不慎，手就放到冲床里边去了，衣服就被卷到机床里去了，铁水就灌进鞋子里去了，起重机的吊钩就对不准位置了。轻则破皮出血，重则断手断脚、房毁人亡，更不用说还要保证产品的质量了。这种条件下的作业几乎容不得你不努力工作。

就我自己来说，非常遵守厂纪厂规，绝不会无缘无故地迟到早退，只要有任务或派工，从未讲过价钱，总是想方设法地完成任务。不懂的问题与难题就大家协商、到处请教。这些是当一名合格工人的必备条件，绝大多数人都是这样的，不想当“好工人”的极少。为了当好一名工人，我们经常在工余时间学习文化、学习技术，停电的时候，在被子里打着电筒看书、在烛光下看书，我的工作笔记都有十几本，我还写过一部十几万字的著作——《机修问答》，只是没有能够坚持完成。我们在广播里听到了报告文学《哥德巴赫猜想》，被陈景润的事迹深深打动，在迎来科学的春天氛围中，大家掀起了自学的高潮，我学习外语就是被同事们拉去的。在相当长的时间里，我规定自己每天睡觉的时间不准超过5个小时。为了当一名好工人，我们经常是一身油泥，也曾经多次置危险于不顾去努力完成任务或抢险救灾。没有报酬的加班加点是常事，因为活没有干完而主动去加班的人很多，这在当时也都是极为普遍的事情，我的很多工友都是这样的。

我们的职工满手老茧，有的因为长期浸泡在机、柴、汽油或一些化学物质里，皮肤粗糙，很多中青年职工早早就熬白了头发。有些工种由于需要长期地站、弯、压，很多人过早地驼背；长期地在粉尘、焊花、铁水、金属亮光或在光线不好的状况下作业，不少人早早就戴上了老花眼镜；有一些职工因工作条件恶劣等各种原因得了胃病和风湿、腰腿疼的毛病；还

有一些职工因工受伤而导致终生残疾。今天在这里写作时，这些面孔就常常在我眼前晃动。回老家时看到他们那迟缓的步伐、呆滞的目光，我的心底就忍不住一阵酸楚。他们有的年龄与我差不多，有的也比我大不了多少，有的还曾经是厂里备受瞩目的“明星”，是文艺舞台上或体育场上的“星”级人物，曾经拥有不少“粉丝”，有的也曾是劳动模范，难道仅仅是岁月无情吗？

那时在工厂里，经常可以看到一些退休师傅身背一个竹筐，拾起每一个掉在地上的螺丝、螺帽、垫圈等，他们会将砂布洗好作擦拭机床用。我们的一些老师傅经常在工作之余修旧利废，搞一点小改小革，为工厂节约成本、提高效率，这都是司空见惯的。在没有奖金或奖金很低的年代，最多就是几句表扬或者工会颁发一张奖状而已。习以为常，没有人诧异。诧异的是没有在厂矿生产、生活过而又研究经济牵涉到企业的人，一定要找个理由来推翻这样的事实，为什么要这样？

从“两参一改三结合”到全面质量管理建立 QC 小组的年代，“三结合”的传统到80年代末期都保持着。在高炉前、木模前、产品前、机床旁，当然也有在会议室、检验科、生产科里，经常可以看到人们三五成群，或高声或细语，各抒己见，最终拟出一个方案或“达成共识”，开始行动。这个过程有些是随机解决问题，有些是为解决问题相约而来，有的是有关部门为改进设计、工艺、材料、质量以及满足用户提出的要求而召开的会议。他们或面对图纸、模型、产品零部件，或面对出了问题的残次品，寻找问题、苦苦思索。有的师傅是从机床上应召而来的，他们是要讨论问题的有关工种的技术尖子，他们脸上还挂着汗水，手上沾满了油污，握着一把棉纱不停地擦。是材料问题还是工艺问题？是设计问题还是设备问题？是温度问题还是刀具问题？凡是想得出的影响产品质量的五大因素“人、机、料、法、环”都要去寻找原因，涵盖了影响产品质量的全部因素。

这个时候，工程技术人员的价值得到了充分的体现。他们详解图纸，分析各种因素，他们要仔细地体味、揣摩工人们在操作中的感受与体会，把握、分析工人们在生产中遇到的各种影响因素。这些往往不是图纸、工艺或说明书能够解决的，而是用心在与那些火热的钢花或冰冷的五金长期的交流中体会出来的。技术人员正是吸收了这些“心”的灵气。有时，他们也自己反复动手、体会、试验才最后做出决策。最后是管理干部下令，设计或图纸要作如何改动、工艺精简几道、工序有什么调整、生产调度作

怎样的调动、质量检验重点把握哪几道关口、技术人员要蹲在哪几个现场等等。这是何等周密、精细，是一种怎样美妙的交响曲呀！不处在其中的人是很难体会的。

（二）为什么大多数职工会努力工作

有些人不理解广大职工为什么会在那么艰苦的条件下、在没有多少劳动报酬的情况下努力工作。这与他们在书本上学来的西方经济学及其经济人假设完全不符合啊！因此有人采取两个办法来解决：一是全盘否定国企职工会努力工作，以少论多或者以偏概全。二是有些人为了论证他所要论断的市场经济的美好性、现代企业制度的万能性、国有企业改革的必要性和私有化的必然性，就睁着眼睛说瞎话。因此，一群世界上最穷的工人被放到了一个高高的祭坛上，国企职工一个个成为曾经的既得利益集团成员，成为面目可憎的怪兽，这实在是怪事一桩。

为什么说大多数职工是努力工作的？有以下几个原因：长期教育和耳濡目染的结果；工人阶级的光荣感、自豪感、使命感；社会地位较高的荣耀感与自我价值实现的成就感；长期政治运动的高压态势及“改造”理论的运用。

1. 长期教育和耳濡目染的结果

长期的教育和耳濡目染在我童年的时候就开始了。我生在工厂，长在工厂，毫不掩饰对工厂的感情。那里有我的金色童年与苦难的少年（“文革”被称为“狗崽子”）。小时候我对工厂的认识主要有两点：

一是羡慕工人。我羡慕那一身蓝色的工作服，一些工种，还穿着翻毛皮鞋，当上班的铃声响起，他们随着工厂广播里的音乐陆续进入工厂，那个神气啊！下班铃一响，又一窝蜂似地冲出厂门，冲向食堂。有不少职工还骑自行车，当然，在厂门口是要下车的，把腿一偏，就更加“酷毙”了。当看到工人们满身的油污，工作服打满了补丁，脸上沾了油泥的形象时，一股崇敬之情油然而生。这就是劳动，这就是劳动人民。那时，劳动与劳动人民是最受尊敬的，在课本报纸广播电影里充满了对劳动的赞美，国家主席刘少奇与淘粪工人时传祥握手的照片曾深深地印入了人们的脑海，劳动光荣的风气在社会上蔚然成风：辛苦、艰苦、勤劳、卖力，我就想成为这种人，这是我儿时的理想。看到他们靠着巧夺天工的手艺做出来的零件，看到工厂里运出来的水泵、机床、手扶式拖拉机，都会令我欣喜不已、肃然起敬。那是我们父辈用汗水浇灌的结晶，我们当孩子的为之感

到自豪、光荣。我们为生长在这样的工厂环境感到幸运，我们为自己的父母感到骄傲。

二是工厂好玩。好玩的不是大人而是我们这些小孩。工厂里有图书室、阅览室，可以通过父母的借阅证借阅书籍，而阅览室则不论大人小孩都可以进去看杂志读报纸。“文革”开始后，图书室就关门了，但我对文学著作的阅读，大都完成于这个时间。我和另外一个小伙伴各背一个大书包，弄开了一扇窗户，每次偷出满满一包书，读完一批后，我们又将它们还回去，然后又偷出一大包。当然，这只是“文革”的初期，随着运动的“深入发展”，连这样的机会也没有了。

我们对工厂里的事情充满了好奇，曾多次溜进工厂，尤其是星期天车间里没人的时候。在很小的时候我就知道了翻砂车间又叫铸造车间，那里有砂箱与高炉；知道什么是金工车间，里边整齐地排着各种金属切削机床，擦得油光放亮；每当看到木模车间里各式各样的模型时，我们都会惊叹不已。我们最盼望的是铸造车间“开炉”，这常常是在晚上进行，从厂房外就能听到鼓风机的巨大轰鸣，看到火花的飞蹿，火苗映红了半个天空，形成一道奇观，令人振奋。进工厂以后，厂里有时开炉人手不够，我也经常要求去抬铁水充当“炉前工”，至今手上还留有因砂箱抬箱（有残留气体）而溅出铁水，烧穿手套后留下的疤痕。

车、钳、铣、刨、磨，打铁带翻砂，是机械工厂最基本的工种。流传着这样一些顺口溜：站死的车工、累死的铸工、万能的钳工、干干净净的木模工、吊儿郎当的电工，这反映了不同工种的特点。儿时我们喜欢溜进工厂还要使一点小坏，就是想“偷”一点东西：一是用过的废弃棉纱，上面沾有机柴油，做饭时可以点柴或者煤球炉子；二是报废的轴承，用木板做成三轮小车，从高坡上放下来，那个快乐迄今难忘；三是锋钢锯条，是那种锯钢材的锯条，在砂轮上磨成匕首以后非常锋利，削铁如泥一点不假。匕首在“文革”时是非常需要的，孩子们偷藏在身上，美其名曰防身，人手一把。可是，我也就栽在磨匕首上了。有一次，一帮小兄弟又爬围墙溜进车间，捡到锯条之后就到一间砂轮房去磨，不幸的是磨了一会之后，只听电机嗡嗡响，砂轮却不转了，我们只好遗憾地去别处转悠。不一会来了一群工人把我们包围了，因为匕首还没磨成，我们只好举手投降。我们被带到保卫科，受到严厉的斥责与恐吓，造反派说要我们坐牢，因为我们用过的那台砂轮机的电机被烧掉了。当时我们实在搞不懂它自己不转怎么就会被烧掉呢？这个疑问是后来我自己成为工人以后才搞明白的。

380伏的电压是三相也就是三根线的，松脱一根线只剩下两根线，电源没关线圈就烧了。这在当时可不得了，如果是成人要以“破坏生产”的“反革命”罪论处的。这个问题的严重性，工人造反派与保卫科同志都给我们指出了，叫我们的父母来赔偿、领人。我们5个孩子被吓得不轻，趁他们下班交接之际逃跑了。这一跑，使我对社会的复杂性有了进一步的认识——认识了什么是“叛徒”。因为我们约好绝不回家，没想到第二天有一个人回家了，第三、四天又回家两个。跑回家的同伴竟然还供出了我们的藏匿地点——一所中学的储藏室，迫使我们不得不经常打一枪换一个地方。最后，饥饿使我们也不得不“叛逃”回家。我说这些是为什么呢？我想说的是即使在“文革”前与“文革”中，工厂也还是有严格的制度与纪律的，容不得损坏公物、容不得化公为私，即使是废旧的油棉纱，也不允许拿出工厂。

可能你要说我因为是在工厂长大，才有这样的熏陶，其实在当时，大家所受的教育都是一样的。只要有过与工厂的接触、听过亲戚朋友的宣传或者踏进过工厂，那样的氛围就会扑面而来。这可能是存在决定意识的一个典型案例。而今天，“工人”似乎成了一个贬义词，我自己就看到过有家长指着窗外的清洁工说：“你如果不好好读书，长大叫你去扫马路。”也经常看到有清洁工被打甚至被打死的报道。现在该轮到我“迷惑”了，小时候到处可以看到“劳动光荣”的标语，现在劳动怎么就不光荣了呢？现在光荣的是“发财”，可那财是怎么发的呢？我又回到童年懵懂的时候了……

2. 工人阶级的荣耀感、自豪感、使命感

在曾经每个人要填各种表格的年代，我总是以在表格中“本人出身”一栏填入“工人”引以为豪。当时整个社会给了工人阶级以光荣、自豪、使命感的足够气场。政治待遇不用说：工人阶级是领导阶级，是党的阶级基础，是可依靠的阶级，是国家的主人；工人个人是企业的主人，是主人翁，国家要实现四个现代化，没有工业化就没有现代化，没有工人就没有工业化，这是多么简单的道理。经济待遇、社会待遇在全社会也是高不可攀的。例如，我在工厂工作20年的大部分时间是从事机修钳工工作，是那种被认为最脏但又是最有技术含量的工种。在粮食定量供应时期，粮食供应每月39斤，是机械工厂（矿山更高）中仅次于锻工（43斤/月）、铸工（41斤/月）的第三高档次的粮食供应人口。而机关事业单位的干部包括企业内的技术人员与管理人员，他们的月供粮食定量只有29斤。就全社会来

说，吃饭有保证，粮食定量比别人都高，这不就高人一等了嘛。工资则从学徒工第一年 18 元，第二年 20 元，第三年 22 元，直到一级工 30.5 元，二级工 36 元，三级工 42 元，四级工 49 元，五级工 56 元，直到八级工 118 元，超过了工程师月工资 113 元的水平。经济是基础，这就是社会地位，是光荣感、自豪感、使命感的源头。你看看今天“老板”的派头也许就可以理解了。对人的理解是不能脱离时代背景而相比较的，这样基本的历史唯物主义观点，不说也罢。

不少工厂尤其是一些在山区的矿山，福利在当时来说是很不错的。那些企业的工会一年到头很忙，工会委员们很有成就感，如果在这个层面上说他们是“福利工会”也不过分。每到夏天，防暑降温是必不可少的，大凡稍有规模的企业，都有自己的制冷厂或棒冰厂，除此之外，还有人到处采购白糖、绿豆、西瓜等等。因为那时没有空调，而政府对职工的防暑降温工作是非常重视的，上级几乎每年都会发文件要求做好这项工作，如果职工发生中暑的事情，领导可是要挨批评受处分的。一到春节前，就更加热闹了，尤其是改革开放后，不少厂矿企业条件较好，从大米、食油到鸡鸭鱼肉、香肠大豆等是应有尽有。所谓“爱厂如家”、“以厂为家”，不是靠几条标语就可以让工人做到的，那得“给工人以看得见的利益”。而这样的利益在当时的国营企业就有，谁又会自己砸自己的饭碗呢?

与今天考大学一样，只要你有了一纸入学通知书，顷刻间就可以跳出“农门”，获得城市户口，然后被称为天之骄子，那可是草鞋与皮鞋的分水岭。而在计划经济时代，尤其是没有大学可读不出产“天之骄子”的时候，工人就成为替代的“天之骄子”了。一份工厂的招录通知书，就可以改变身份跳出“农门”，获得城市户口。而且，为了解决职工两地分居的困难问题，几乎每年上级都会给工矿几个“农转非”的指标。这又从另外一个侧面抬高了国企职工的地位。

拥有城市户口、有比较完善的劳保、有粮食供应保障、有固定收入、较好的福利以及终身雇佣制度，老工人还有新旧社会的不同体会，青年工人有他们父辈的忆苦思甜，这些与现实中的城乡差别、工农差别，形成了强烈的对比与反差，都带动了职工社会地位的提高，至少是在人们的心目中。同时，也增强了职工的光荣感、自豪感、使命感。这些都是有社会背景与条件的。今天的媒体经常说到“感恩”，这可能是当年的职工努力工作的又一动力。

3. 自我价值实现的成就感

多数职工能够努力工作，不仅是因为有社会地位上升的荣耀，还有自我价值实现的成就感。干部参加劳动，工人参加管理，领导干部、技术人员、工人群众三结合的“两参一改三结合”形式，是“鞍钢宪法”的精髓。在这里，“主人翁”、“当家做主”得到了充分体现，人们的热情、智慧、聪明才智得到了较好的发挥，人们的工作积极性高涨，以人为本的精神随处可见，“人力资源开发”曾经在中国的国营工厂有很好的体现。一句表扬、一张奖状、一本证书，能够给人以莫大的满足，有时能够让工友们争得面红耳赤，就像后来争奖金一样。如果用今天的眼光来看，既不能吃又不能穿要它们何用？那你就看看你自己在小学、中学、大学读书的孩子们是怎样看重它们的吧！这是不同的时代与教育背景、不同的社会环境与舆论氛围使然。

4. 长期政治运动的高压态势以及“改造”理论的运用

在分析研究职工问题时，还有一个历史背景不应该忽视，就是在长期政治运动中形成的高压态势。这种态势促使人们不敢“轻举妄动”、偷懒耍奸。“群众的眼睛是雪亮的”让你感觉到处都有眼睛盯着你，有时这是一种比“制度”、奖金更加有威力的东西。虽然这里面充斥着“左”的东西，但是这是我们分析社会原因时不得不考虑的因素。在一片“斗私批修”、“灵魂深处爆发革命”、“狠斗私字一闪念”的气氛中，你不可能不被裹挟着走。所以这个问题完全不是“没有奖金职工工作就不努力”那么简单。因为，在职工队伍里，既有前面所述的“资本家”及其子女，也有所谓“出身不好”、“成分较高”的工人或者干部、技术人员，还有被打成右派以及受过各种处分，或者所谓在历次运动中政治上有“污点”的人。即使是正宗的“红五类”也需要洁身自好，不能被人抓住“辫子”，以免不被组织重用，堵塞了向上流动的路径。没有长期亲历过的人很难想象。

有时候，“左”和右，正与误是交织在一起的。例如：曾经长期进行群众路线教育，强调干部知识分子要有群众感情、观点、立场。但是在这个过程中又曾受“左”的思想影响，发展出人的“改造”理论，将在社会主义改造中成功的经验（在改造所有制的过程中改造人，将资本家改造成自食其力的劳动者），普遍地用于全社会的各个阶级之中。不但出身于地主资产阶级的人要改造，出身于无产阶级的人也要改造，要用无产阶级思想改造非无产阶级思想。通过什么方法改造呢？就是“劳动”，叫作在劳动中与工农群众打成一片。例如“三同”：同吃、同住、同劳动。群众身

上有多少汗，你身上也要有多少汗；群众身上有多少泥，你身上也要有多少泥；群众脚上沾了多少粪，你脚上也要沾多少粪。在工厂里怎么办？工人身上有多少油，干部或者工程技术人员身上也要有多少油，这些都好办，沾点油回去洗工作服就行了。有一点比较难办，叫群众手上有多厚的茧，你手上也要有多厚的茧。这个茧是沾不上去的，你得长期干活。有些单位还规定了，干部（包括工程技术人员）一周要到车间参加劳动一至两天，以敲榔头不会打到手作评判标准，因此有些干部或技术人员在车间的劳动中练得一手好功夫，在一些工种如车、铣、刨、磨、钳的技术上，也是相当不错的。在这样的情况下，工人们还不主动做好榜样吗？

四、工业成就巨大，职工功不可没

在我的工作与生活中，有不少年轻人对国企和国企职工的认识不够全面：认为以前的国有企业效率极低，没有做过什么好事，当时的职工都是好吃懒做不干活、天天晒太阳的。即使是在大学里讲思想政治理论课的硕士、博士老师，也是如此认为的。因此，他们在授课中讲不清楚或者不讲新中国成立以来到改革开放前这一时期我国的建设成就、工业成就。这样，新中国被分成了两个部分：前三十年与后三十年。因为，80、90后青年从他们懂事以来，关于中国的事情，就是“十一届三中全会以后”或“市场经济以来”，而关于“1949年以后”或“新中国成立以来”的说法很少。青年人所理解的“解放后”是在“十一届三中全会”以后，而不是1949年。在不少青年人眼中：1978年以前的中国是暗无天日、衣不遮体、食不果腹的，是充满着暴力、专制、丑恶及人吃人的，比1949年以前更坏，比1840年以前更坏。因为，人们的“忆苦”大都是对十一届三中全会以前的控诉，而且，这是有人现身说法的，是有记忆的，有“依据”的。而经历过1840年以前的人已经不在了，经过1949年以前还能现身说法的人亦不多矣，即使尚存也说不动了；或者，他们也用不了电脑、不会发博客或微博，基本丧失了话语权。而少数从那个时期过来又拥有话语权的人，说起1949—1978年的中国，描绘的正是那时是如何“黑暗”的。青年人所接受的“事实”正是这样的。

1981年6月，中共十一届六中全会通过的《关于建国以来党的若干历史问题的决议》，对新中国的工业建设，作过如下评价与基本描述：“在工业建设中取得重大成就，逐步建立了独立的比较完整的工业体系和国民经

济体系。1980年同完成经济恢复的1952年相比，全国工业固定资产按原价计算，增长26倍多，达到4100多亿元；棉纱产量增长3.5倍，达到293万吨；原煤产量增长8.4倍，达到62000万吨；发电量增长40倍，达到3000多亿度；原油产量达到10500多万吨；钢产量达到3700多万吨；机械工业产值增长53倍，达到1270多亿元。在辽阔的内地和少数民族地区，兴建了一批新的工业基地。国防工业从无到有地逐步建设起来。资源勘探工作成绩很大。铁路、公路、水运、空运和邮电事业，都有很大的发展。”

具体的数字在《中国经济史》读本里有：“1957—1979年，中国工业化建设全面铺开，国民经济发展出现了多次反复升降，但也取得了巨大的工业化建设成就。以1952年工业总产值指数为100，则1957年增长为228.6，1978年增长为1601.6。从实际经济效果看，由于贯彻工业发展战略，重工业在工业总产值中的比重从1957年的45.0%增加到1978年的56.9%。一些重要工业产品产量也有大幅增长。如布匹从1957年的50.5亿米增加到1978年的110.3亿米；汽车从0.79万辆增加到14.91万辆；煤从1.31亿吨增加到6.18亿吨；钢从535万吨增加到3178万吨；发电量从193亿度增加到2566亿度；原油从916万吨增加到5397万吨。农用化肥从15.1万吨增加到869.3万吨，金属切割机床从2.8万台增加到18.32万台。”①

改革开放以后，随着对国际局势认识的变化，和平与发展的判断逐步清晰起来，这个时候，重工业建设也有了一定的基础，国家在调整工业结构上迈出了重要的步伐，采取各种措施加快轻工业的发展，一大批重工业、军事工业、长线工业转变为轻工业，努力为消费品生产服务。那时，我们听传达省里工业结构调整的精神，有一句生动的比喻，叫“放虎出山”，因为一些军工企业的固定资产动辄四五亿上十亿，而那时五千万资产以上就可划为中型企业。

“1979年至1982年间，工业生产仍然是稳步发展的，1979年，工业总产值为4591亿元，1982年达到5577亿元，比1979年增加17.7%，年均增长5.9%，当然这比1953年至1978年年均增长11.3%要低很多，主要是因为这一时期国民经济处于调整时期，重点在调整国民经济的结构，而不是继续追求工业生产的高速增长。几年间，在放慢工业增长速度的同时，在调整工业结构上迈出了重要的步伐。首先，采取措施加快轻工业的

① 王玉茹．中国经济史．北京：高等教育出版社，2008. 263.

发展。第一，增加轻工业基本建设投资，提高轻工业基本建设投资在工业基本建设投资中的比重。1979 年至 1982 年，轻工业投资占工业基本建设投资总额的 15%，而 1953 年至 1978 年，相应的比重仅为 10%。第二，对轻工业实行‘六个优先’的原则，即原材料、燃料、电力供应优先，挖潜、革新、改造的措施优先，基本建设优先，银行贷款优先，外汇和引进技术优先，交通运输优先。第三，各行业大力支援轻工业生产，如重工业部门采取‘重转轻’、‘军转民’、‘长转短’等形式，调整产品结构，努力为消费品生产服务。第四，通过引进先进技术和技术革新、技术改造的办法，提高劳动生产率。正因为采取了这些措施，轻工业生产有了迅速的发展。1979 年至 1981 年，轻工业分别比上年增长 9.6%、18.4% 和 14.1%，连续三年超过重工业。”①

更加具体的描述与统计数字可以见之于《新中国经济建设简史》，1958—1965 年，“工业实力大为增强。工业基建投资大大增加，1958—1965 年八年共计 938 亿元，建成大中型项目 531 个。黑色冶金工业，逐步建成了我国最大的钢铁基地鞍钢，新建包钢、武钢的大型高炉、大型平炉先后投产。同时，石景山钢铁厂，太原钢铁公司，天津钢厂，唐山钢铁厂，上海一、三、五钢铁厂，马鞍山钢铁公司，重庆钢铁公司等陆续建成。有色金属工业，有白银厂、中条山、金川公司和冶炼厂建成投产。能源工业，建成规模达 1000 万吨的大庆油田，同时开始开发胜利油田、大港油田；还建设了内蒙古乌达，山西晋城，安徽淮北，山东肥城，河南焦作，鹤壁和平顶山，贵州水城，甘肃石炭井等煤炭矿务局，以及河北马头和邯郸、湖南株洲等洗煤厂。电力企业有北京高井、河北邯郸、沈阳铁西、吉林二道江、黑龙江哈尔滨、上海吴泾和闵行、江苏南京、山东黄台、湖北黄石、河南安阳、云南宣威、内蒙古包头等火电厂，广西西津、湖南枯溪、浙江新安江、甘肃刘家峡等水电站。机械工业，新建杭州制氧机厂，抚顺挖掘机厂，沈阳和上海重型机器厂，邯郸石油化工机械厂，上海和昆明机床厂，上海光学仪器厂，开封热工仪表厂，南京分析仪器厂，北京、南京、济南和上海汽车厂，武汉锅炉厂和保定变压器厂等。化工企业，有北京和上海焦化厂、保定电影胶片厂、太原氮肥厂和制药厂以及一批化肥厂。建材企业，有邯郸、武汉和四川耀县等水泥厂，秦皇岛耀华玻璃厂等。轻纺企业，有保定、介休、南京、萧山、潍坊等纺织厂，郑州印

① 王玉茹．中国经济史．北京：高等教育出版社，2008. 295.

染厂、北京毛纺织厂、株洲苎麻厂、北京维尼龙厂，介休、金城、丹东、吉林、汉阳等造纸厂。北京、天津、上海手表厂，天津照相机厂，天津合成洗涤剂厂等。

“建设了一大批工业企业，工业的家底厚了，生产能力大大增强。到1965年，全国工业固定资产原值达1040亿元，比1957年增长2倍。在这个基础上，工业产品产量成倍增加。如：钢产量，1965年比1957年，增加了1.3倍；煤炭，增加了0.8倍；发电量，增加了2.5倍；原油，增加了6.8倍；合成氨，增加了8.4倍；水泥，增加了1.3倍；棉纱，增加了0.5倍；棉布，增加了0.2倍；机制纸，增加了0.9倍，等等。不但产量增加，而且技术经济指标也大为改善。我国工业方面许多技术经济指标，大都在1965年前后创造历史最高水平，如生铁合格率达到99.85%，钢材合格率达到98.5%，煤炭含矸率降到0.64%，棉布一等品率达到97.4%。在产量增加，技术经济指标改善的同时，新产品也不断涌现。这样，实际上我国已经初步建成了一个具有相当生产规模和技术水平的工业体系。如能源工业：电力工业，已在全国大部分地区联网；煤炭工业，已经初步形成从地质、设计、施工、洗选到机械制造的现代采煤工业；石油工业，地质科研、油田开发、原油加工等方面都取得巨大成功，所以到1965年不仅产量增加，而且油品增多，从此国内石油基本上实现了自给，这对独立自主地发展经济，具有深远意义。冶金工业：在增加产量的同时，大力发展品种。1964年不完全统计，钢品种达900多种，钢材品种达9000多种，均比1957年增加一倍多。过去不能炼制的高温合金钢、精密合金钢等钢材，这时都能炼制了。钢材自给率也由1957年的85%左右提高到95%。机械制造所属的各种金属材料，基本立足于国内。除少数品种外，我们能够用国产材料制造汽车、拖拉机、万吨远洋轮。机械工业，根据国民经济各部门的需要，已分别形成冶金设备、采矿设备、电站设备、石油化工设备、船舶、飞机、机车、金属切削机床、通用机械、工程机械、轻纺机械、仪器仪表等十几个基本行业门类比较齐全的机械制造体系。在这几年生产了大量机械新品种，包括现代化大型精密设备，如12万吨锻造水压机、350吨门式起重机、1150毫米的初轧机、1513立方米的高炉、120万吨煤矿竖井设备、大型炼油设备、大型氮肥设备、双水内冷发电机、五万千瓦的汽轮发电机组、7.25万千瓦的水轮发电机组、精密仪器仪表等。1964年我国主要机器设备的自给率，由1957年的60%提高到90%以上。我国制造的纺织机器不仅能满足本国的需要，还出口到30多个国家和地区。化学工业，除原有的三酸两碱的产量和品种大幅度增加外，在石油产量增加的基础上，建立了我国自己的石油化学工业。到1965年底，主要石油化工产品的生产能力达到：乙烯5000吨、合成橡胶15万吨、塑料3000万吨，在建的还有：乙烯36万吨、高压聚乙烯34万吨、聚丙烯5000吨、合成纤维1万吨、合成氮10万吨、尿素16万吨，为以后石油化工的进一步发展打下了基础。此外，新兴的电子工业、原子能工业、导弹工业及其他民用工业，也逐步发展壮大起来，不仅对国计民生，而且对国防安全都具有重要意义。

“在改建、扩建原有工业企业，新建工业企业的安排中，注意改善工业布局。这几年沿海工业基地，得到了充实和加强。西北、西南都新建了一批现代工业企业。如煤炭工业，新建企业大多分布在西北、西南以及华东地区，改变了过去煤炭生产集中在华北、东北的畸形状态。冶金工业，采矿、炼钢、轧钢的大中型项目，30%～40%的新增生产能力分布在内地。机械工业，在内地建设了十多个新的机械工业基地。化工、建材、轻纺工业，在内地都建设了几个骨干企业。这样，在我国广大腹地形成了许多工业中心，如以武汉、包头为中心的钢铁基地，成都、重庆的钢铁、机械基地，山西、内蒙古、河南的煤炭基地，兰州的石油化工基地等。这样，我国的工业布局发生了可喜的变化：内地工业产值在全国工业总产值中的比重，由1957年的32.1%，提高到1965年的35%；沿海工业所占比重相应由67.9%，下降为65%。

“交通运输相应有巨大发展。铁路通车里程，由1960年的3.46万公里，增至1965年的3.74万公里，五年增加2800公里；同1957年相比，八年增加7500公里，共有12条干线建成或部分建成。如包（头）兰（州）线、兰（州）青（海）线、兰（州）新（乌鲁木齐）线等相继建成，把西北五省区互相联结起来了，把西北腹地与沿海地区沟通了。黔桂线、川黔线与成渝线接通，把广西、贵州、四川三省区联结起来了。成昆线、贵昆线、湘黔线、湘桂线的建设，把西南地区连成一片，并与中部、东部地区沟通了。此外，还建设了（北）京原（平）线，铺设了京广线、津浦线、石太线、陇海线等复线工程，开始了宝成线的电气化工程、郑州黄河大桥、南京长江大桥的建设。至此，除西藏自治区外，各省区都通铁路，交通状况大为改善。1965年铁路货物运输量达到48358万吨，比1957年的27421万吨，增加了76.4%。公路通车里程，由1960年的51万公里，增至1965年的51.45万公里，增加4500公里，比1957年的25.46万公里，增加近26万公里。全国绝大多数县和大部分重要集镇都通了汽车。1965年公路货物运输量达到48987万吨，比1957年的37505万吨，增加30.6%。1965年内河通航里程为15.77万公里，由于兴修水利和缺少疏浚，比60年代初的17万公里有所减少，比1957年的14.41万公里，增加9.4%。1965年水运货物运输量达到22993万吨，比1957年的15438万吨，增加48.9%。秦皇岛、塘沽、上海、黄埔、湛江等沿海港口经过扩建，新增了十几个万吨级深水泊位，扩大了吞吐能力。1965年远洋水运货物运输量达到246万吨，比1960年的75万吨增加了2.3倍，比1957年的60万吨增加了3.1倍。远洋运输船只增加，并开辟了通往东南亚、欧洲、非洲三条运输航线。1965年民航里程达到3.94万公里（其中国际航线4500公里），比1957年的2.64万公里增加49.2%；民航货运量达到2.7万吨，比1957年增加2.4倍。北京首都、上海虹桥、广州白云、成都双流等一批机场，都是这期间建成的。此外，邮电通信也有很大发展，1965年邮电局所达到4.38万处，邮路长度达到349万多公里，长途电话电路达到0.99多万路，电报电路达到0.7万多路，除邮电局所比1957年减少3.5%外，其他分别比1957年增加57.2%、1.1倍、41.2%。……由于工业支援农业的加强，农业的技术装备程度有很大提高。除增加大量半机械化农具外，1965年农业机械总动力达到1494万马力，农用大中型拖拉机拥有7.26万台，排灌机械907万马力，农用载重汽车1.1万辆，以及大量的其他农业机械和农产品加工机械等。农业现代化水平有较大提高，1965年机耕面积占耕地面积的比重达到15%，而1957年只占2.4%；机电灌溉面积占灌溉面积的比重达到24.5%，而1957年只占4.4%。1965年施用化肥194.2万吨，平均每亩耕地2.5斤；农村用电量为37.1亿度，平均每亩耕地2.4度，这两项比1957年均有大幅度增加。”①

“党史二卷”将1965年中国工业在国际上的地位作了一个比较：“1965年中国的钢产量为1223万吨，约占世界的第七位；原煤产量为2.32亿吨，占世界第三位；石油产量为1131万吨，占世界第十五位；发电量为676亿度，占世界第八位。1965年重工业的总水平，大体可以占到世界的第八位。”②

① 刘日新．新中国经济建设简史．北京：中央文献出版社，2006. 229～233.

② 中共中央党史研究室．中国共产党历史（第二卷 1949—1978 下册）．北京：中共党史出版社，2011. 687.

对1965年以后也就是“文革”十年的工业建设情况，“党史二卷”作了如下描述：

“1969年，全国工农业生产结束了1967年至1968年连续两年下降的局面，出现一定幅度的增长。这一年工农业生产基本上达到或超过1966年的水平。按可比价格计算，工农业总产值达到2613亿元，比上年增长23.8%，比1966年增长7.2%。其中农业总产值达到948亿元，比上年增长1.1%，与1966年持平；工业总产值1665亿元，比上年增长34.3%，比1966年增长9.9%；进出口贸易总额达40.3亿美元，与上年基本持平，为1966年的87.2%；居民平均消费水平比上年提高2.7%，比1966年增长2.7%；全民所有制部门职工平均工资，实际比上年降低1.5%，实际比1966年降低3.3%。……

“在1969年的基础上，1970年工农业生产又取得大幅度的增长。各项主要经济指标大部分完成或超额完成年度计划和‘三五’计划。其中，1970年工农业总产值达到3138亿元，比上年增长25.7%；农业总产值1021亿元，比上年增长5.8%；工业总产值2117亿元，比上年增长32.6%；粮食产量达到4799.1亿斤，比上年增长13.7%；棉花4554万担，比上年增长9.5%；钢1779万吨，比上年增长33.5%；原煤3.54亿吨，比上年增长33.1%；原油3065万吨，比上年增长41%；发电量1159亿度，比上年增长23.3%；铁路货运量达6.8亿吨，为计划的112%～116%，比上年增长28.3%；财政收入662.9亿元，财政支出649.4亿元，分别为计划的114%和112%，分别比上年增长25.8%和23.5%；社会商品零售858亿元，比上年增加56.5亿元；对外贸易进出口总额45.9亿美元，比上年增长13.9%；全国居民人均消费147元，比上年增加5元，增长4.0%。

“1970年是第三个五年计划的最后一年。在这五年中，虽有1968年严重动乱的冲击，但经过1969年特别是1970年的努力，1970年我国经济还是基本完成或超额完成了‘三五’计划原定该年度的主要指标。工农业总产值超过‘三五’计划指标的16.22%～14.1%。其中：农业总产值超过2.3%，完成了低线指标；工业总产值超额完成21.1%。主要工农业产品产量完成计划的百分比为：粮食109.1%～100%，棉花103.5%～94.9%，棉纱125.7%，棉布122%，钢111.2%，原煤122.1%，原油165.7%，发电量105.4%，铁路货运量为计划的97.1%，财政收入为计划的82.9%，社会商品供应量和社会购买力分别完成计划的104.8%和101.4%；全民所有制部门职工平均工资为609元，为计划的82.6%；五年基本建设投资完成810.5亿元，为计划的95.4%。……

“1971年底，绝大部分经济指标按照原计划完成，工农业总产值达到3482亿元，比上年增长12.2%。其中，农业总产值1107亿元，比上年增长3.1%；工业总产值增长2375亿元，比上年增长14.9%；粮食总产量5020.8亿斤，比上年增长4.2%，完成计划的104.2%～100%；钢2132万吨，比上年增长19.8%，完成计划的106.6%～101.5%。”①

1976年，“拥有农业机械总动力8629.6万千瓦，增长6.9倍，其中，大中型拖拉机39.7万台，增长4.5倍；排灌动力机械3984万千瓦，增长4.97倍，原来的人力、畜力、风力等简易提水工具基本为机电泵所代替；化肥施用总量达582.8万吨，增长2倍；农药生产量和进口量达43.6万吨，增长90.6%；农村用电量达204.8亿度，增长4.5倍。

“石油、化工、冶金、机械行业均有较大的发展。60年代初建成投产的大庆油田，已成为年产原油5000万吨的大型企业。山东胜利油田、天津大港油田也初具规模。1976年我国原油产量达到8716万吨，相当于1965年产量1131万吨的7.7倍。一批交通运输线、输油管线和邮电通信设施相继建成。……

“科学技术方面也取得若干重要成就。1966年10月我国第一次成功地进行了发射导弹核武器的试验，1967年6月成功地爆炸了第一颗氢弹，1969年9月首次成功地进行了地下核试验，1971年9月第一艘核潜艇建成并试航成功。国防尖端技术研究方面取得的成就，增强了我国的国防战略防御能力。1970年4月，我国成功发射了第一颗人造地球卫星；翌年3月，又发射科学实验卫星‘实践’一号。1971年9月，洲际火箭首次飞行试验基本成功。我国第一颗返回式遥感人造地球卫星于1975年11月发射成功。生物技术方面也有突破。经过长期艰苦攻关，1973年，我国在世界上首次培育成功强优势的籼型杂交水稻。电子技术同时取得进步，我国自行研制成功卫星地面站、彩色电视发射设备、第三代电子计算机，还发展了激光红外技术，自行研制成功小同轴300路载波机。1971年，初步形成全国电视网。半导体、集成电路的研制和生产也取得一些进展。”②

---

① 中共中央党史研究室．中国共产党历史（第二卷 1949—1978 下册）．北京：中共党史出版社，2011.821，823～824，826.

② 中共中央党史研究室．中国共产党历史（第二卷 1949—1978 下册）．北京：中共党史出版社，2011.973～974.

上述数据表明，《关于建国以来党的若干历史问题的决议》对 1956 年至 1978 年新中国工业建设的基本判断——“在工业建设中取得重大成就，逐步建立了独立的比较完整的工业体系和国民经济体系”，是准确的。从 1956 年至 1978 年国家工业建设取得了巨大成就，国营工业企业功不可没，国营企业职工劳苦功高。除了充分肯定我国工人阶级的历史功绩以外，还应该看到，在这一段历史时期的工业建设中，我们培养和造就了一支自己的工程师队伍、技术工人队伍，如果没有这样一支队伍，其后中国工业腾飞与经济的高速发展是不可想象的。

第六章

企业改制，党委干什么和怎么干

一、“两心”归“一心”，共同奔向现代化

1986年，我曾被借调到工厂的纪律检查委员会协助办经济案件，同时帮忙写一些材料，当时，各地企业已经普遍地遇到了“两心”问题。所谓“两心”问题，就是厂长在企业的行政指挥中心地位与党委在企业的政治核心地位问题，这样一来就有了两个“中心”。我们在写材料时，不知道从哪里找来了一句话，叫作“两心归一心，共同奔向现代化”。因为虽然企业有两个中心，但是它们的目标是一致的，是为了祖国能够实现现代化，实际上是“一心”；即使不“一心”，也要归为一心，才能实现现代化。这样的话，就从理论上最起码从表面上解决了这个问题。而实际上，“两心”问题从更早的时候就有了。

“两心”问题最初是由厂长负责制带来的。厂长负责制源于苏联的“一长制”，是一种在工厂管理制度中实行的首长负责制。1919年9月，苏联人民委员会颁布了《关于在中央纺织工业管理局实行一长管理制以代替集体管理制》的决定；1920年俄共（布）第九次代表大会，决定在工厂管理中逐渐改行“一长制”；1941年，联共（布）第十八次代表会议强调指出必须加强企业中的一长制，务使企业经理真正成为对企业状况和生产制度负责的全权领导者。借鉴这个制度，“一长制”在新中国成立以前的东北公营企业中就实行过。1953年10月，第二次全国组织工作会议的报告提出：全国各地国营厂矿均应普遍实行厂长负责制。1954年5月，中共中央在批转华北局《关于在国营厂矿企业中实行厂长负责制的决定》中指出：中央认为有必要也有可能在全国各国营厂矿中实行厂长负责制。当时的厂长负责制实际上就是“一长制”。

“一长制”在1956年后受到批评，并且改行党委领导下的厂长负责制，以解决当时认为“一长制”否定党的领导和忽视民主管理的问题。1956年9月，党的八大政治报告提出：在企业中，应当建立以党为核心的集体领导和个人负责相结合的领导制度。凡是重大的问题都应当经过集体讨论和共同决定，凡是日常的工作都应当由专人分工负责。1957年在实行党委领导下的厂长负责制的同时，党中央又提出建立和实行职工代表大会制，把当时企业工会主持的职工代表会议改为职工代表大会，作为职工群众参加企业管理和监督行政行为的形式，并明确了它的职权。这就是后来实行的党委领导下的厂长负责制，其实质内容是由党委行使决策权，厂长

（经理）行使指挥权，职工代表大会行使监督权。实行党委领导下的厂长（经理）负责制及党委领导下的职工代表大会制度的基本理论依据是：党委必须是企业的领导核心；社会主义企业必须实行民主管理。1961 年 9 月颁发的《工业七十条》规定：中国共产党在企业中的组织，是企业工作的领导核心；在企业党委的领导下，企业生产行政工作的指挥，由厂长负责。

从 1956 年到 1980 年代初，除少数军工企业和“三线”企业外，“党委领导下的厂长负责制”一直是国企的领导方式。

1982 年 1 月 2 日，中共中央、国务院作出《关于国营工业企业进行全面整顿的决定》，同日，也发布了《国营工厂厂长工作暂行条例》，其中规定：厂长对工厂生产经营活动行使统一指挥权，对工厂的人员、资金、物资有调度处置权；厂长要自觉接受和维护企业党委的领导，定期向党委汇报工作，定期向职工代表大会报告工作；对厂长的奖惩，应通过职工代表大会讨论，按干部管理权限，报上级机关批准，等等。由于“条例”中明确规定了“厂长对工厂生产经营活动行使统一指挥权”，从这个时候起，在一些企业中“两心”问题逐渐显现出来。

1986 年 9 月，党中央和国务院颁发了《全民所有制工业企业厂长工作条例》、《中国共产党全民所有制工业企业基层组织工作条例》和《全民所有制工业企业职工代表大会条例》。在党中央和国务院颁发上述三个条例的通知中指出：“实行厂长负责制，必须保证厂长在企业生产经营重大问题上的决策权，突出厂长在行政指挥中的作用。但是，绝不应把实行厂长负责制同加强和改善党对企业的领导，巩固和发扬民主管理对立起来。而是要使企业行政、党组织和工会等群众组织的工作，都紧紧围绕生产经营这个中心，按照分工，加强各自职责范围内的工作，调动各方面的积极性。”其中，《全民所有制工业企业厂长工作条例》明确规定：厂长有企业经营管理工作的决策权和生产指挥权；厂长同管理委员会的多数成员对经营管理中的重大问题意见不一致时，厂长有权作出决定。1986 年 11 月，党中央和国务院又发出了《关于认真贯彻执行全民所有制工业企业三个条例的补充通知》，提出：全民所有制工业企业的厂长（经理）是一厂之长，是企业法人的代表，对企业负有全面责任，处于中心地位，起中心作用。这样，厂长的“中心”地位就更加突出了。

《中国共产党全民所有制工业企业基层组织工作条例》规定，企业的党委书记一般不兼任厂长。党委的主要任务是围绕生产经营和经济体制改革的实际开展工作，保证厂长负责制的实施，推动和促进生产经营和各项任务的完成；企业党委应当积极支持厂长行使经营管理决策和统一指挥生产活动的职权，支持厂长实现任期目标和生产经营的统一指挥；党委对厂长在企业生产经营重大问题上的决策，应当积极支持，保证实现；企业党委对厂长提出的副厂长和经济技术负责人以及中层行政干部的人选方案，应当积极提出意见和建议。党委对企业实行思想政治领导，即保证、监督党和国家各项方针、政策的贯彻执行，认真做好思想政治工作。由此可见，"条例"规定的党委工作内容其实主要是围绕厂长展开的，是"保证厂长负责制的实施"，在干部任免方面只能是"积极提出意见和建议"，所谓"党管干部"的原则，在这里不复存在。一时间，不少企业的党委处于茫然之中。

1988 年 4 月，七届全国人大一次会议通过了《中华人民共和国全民所有制工业企业法》，总则规定：企业实行厂长（经理）负责制；中国共产党在企业中的基层组织，对党和国家的方针、政策在本企业的贯彻执行实行保证监督；企业通过职工代表大会和其他形式，实行民主管理。第四十五条规定：厂长是企业的法人代表；在企业中处于中心地位，对企业的物质文明建设和精神文明建设负有全面责任。关于企业党组织，"企业法"只是规定"对党和国家的方针、政策在本企业的贯彻执行实行保证监督"，没有操作层面的说明。

因此，厂长的"指挥中心"与党委"政治核心"的矛盾曾经在比较长的时间里存在："80 年代末期，笔者曾以问卷的形式调查了 352 家企业，结果发现党政关系紧张、工作难以协调的就有 71 家，占总数的 20%；党政双方能共事，但关系疏远，存在一定矛盾的有 246 家，占总数的 70%；党政双方能够互相支持、互相谅解、双方工作都有成效的只有 35 家，占总数 10% 还不足。"①

进入 90 年代以来，党中央又针对这个问题发布了一系列文件，主要有：1990 年 12 月，十三届七中全会上通过的《中共中央关于制定国民经济和社会发展十年规划和"八五"计划的建议》，文件提出："在企业内部进一步发挥党组织的政治核心作用，坚持和完善厂长负责制，全心全意依靠工人阶级"。1992 年 7 月，国务院发布实施《全民所有制工业企业转换经营机制条例》，总则第三条也作了同样的规定。1992 年 10 月，党的十四

---

① 吴鹏．走出困惑——改革中的国有企业党组织．广州：广州出版社，1999. 26.

大报告强调：全民所有制企业要充分发挥党组织的政治核心作用，坚持和完善厂长责任制，全心全意依靠工人阶级。大会修改通过的《中国共产党章程》第三十二条规定："全民所有制企业中党的基层组织，发挥政治核心作用，围绕企业生产经营开展工作。保证监督党和国家的方针、政策在本企业的贯彻执行；支持厂长（经理）依法行使职权，坚持和完善厂长（经理）负责制；全心全意依靠职工群众，支持职工代表大会开展工作；参与企业重大问题的决策；加强党组织的自身建设，领导思想政治工作和工会、共青团等群众组织。"

1993 年 11 月，党的十四届三中全会通过的《中共中央关于建立社会主义市场经济体制若干问题的决定》指出，以公有制为主体的现代企业制度是社会主义市场经济的基础。"坚持和完善厂长（经理）负责制，保证厂长（经理）依法行使职权。实行公司制的企业，要按照有关法规建立内部组织机构。企业中的党组织要发挥政治核心作用，保证监督党和国家方针政策的贯彻执行。全心全意依靠工人阶级。工会与职工代表大会要组织职工参加企业的民主管理，维护职工的合法权益。要加强职工队伍建设，造就企业家队伍。形成企业内部权责分明、团结合作、相互制约的机制，调动各方面的积极性。"1994 年 9 月，党的十四届四中全会通过的《中共中央关于加强党的建设几个重大问题的决定》指出："国有企业建立现代企业制度，要坚持发挥党组织的政治核心作用，在实践中积极探索，逐步完善企业领导制度，改进和加强党的工作"。

这些文件内容的核心，概括起来是三句话：充分发挥党组织的政治核心作用，坚持和完善厂长负责制，全心全意依靠工人阶级。

虽然中央发布了一系列文件，但是在一项"前无古人"的事业中，随着国企改革的进一步发展，到 90 年代初中期，这个问题还是比较突出的："有媒体报道了某省一家中型国有企业厂长与党委书记矛盾激化的典型事例：厂长凭借法律赋予的权力并以企业代表人的身份宣布开除党委书记的公职；党委书记则召开党委会并以党委的名义宣布开除厂长的党籍。……

"有的企业党务干部说：现在企业党委一无钱，二无权，遇事最好莫开言。因为职工有事找党委，党委无法解决，随便表态失信于民，反而会降低企业党组织的威信。难怪有的企业职工说：过去是党叫干啥就干啥，现在是叫党干啥就干啥……

"有的企业党务干部说：我们这些做党务工作和思想政治工作的干部说起来都是经过挑选的，可现在工作难做不说，待遇反而比别人低——奖金比不上搞行政的，福利比不上干工会的；过去是一呼百应，现在是说话无人听、喝酒无人敬、出门无人送——实际上成了‘三等公民’。有的同志甚至说：现在企业的党务政工干部‘一是形象不佳，二是指挥不灵，三是油水不多，四是前途不妙’。据湖南省的一项调查统计，80% 的企业党委书记不愿意再继续做党务工作……

“据中央组织部 1996 年的一项调查显示，目前企业党组织和党员发挥作用好的大体上占 30% 左右、发挥作用一般的占 50% 左右、发挥作用较差的占 20% 左右。这里所说的 50% 发挥作用‘一般’的企业党组织，实际上都不如过去那么好了。也就是说，目前企业有 70% 左右的党组织和党员作用的发挥呈现出弱化的趋势。”①

因此，在国企改革中，党的建设也要创新，上述问题在后面的公司制改制中得到部分解决，尤其是中央企业。

二、工人阶级的领导地位问题

工人阶级在国家的领导地位，本来是无可置疑的，这是由宪法中关于国体的规定来保证的。宪法确立我们国家的性质是工人阶级领导的、以工农联盟为基础的人民民主专政的社会主义国家。这个国家性质非常重要，就是人们通常所说的“国体”，国体一变，国家性质将全盘改变。

（一）为什么工人阶级能够成为领导阶级

工人阶级在社会主义国家中的领导地位，首先是由其阶级的先进性所决定的。工人阶级是社会各阶级中最先进的，因为工人阶级与最先进的生产力相联系。天上飞的，地上跑的，水里走的，无不出自他们之手，再先进的科学技术及其应用，也是由他们发明、设计和制造出来并且投入生产与使用的。世界是他们创造的，历史是他们书写的。毛泽东曾经说过：整个革命历史证明，没有工人阶级的领导，革命就要失败，有了工人阶级的领导，革命就胜利了。为什么工人阶级有这么大的“神通”？历史唯物主义有一个基本原理：生产力是一切社会发展的最终决定力量。而工人阶级的特点和优点的第一个方面，就是与先进的生产力相联系。在社会化大生产的条件下，它纪律性强、人数集中；在民主革命时期，它深受三座大山

---

① 吴鹏．走出困惑——改革中的国有企业党组织．广州：广州出版社，1999.4，29，30，34.

的压迫，革命性强；在现代化建设中，它总是走在科技革命的前列。

为什么宪法能够规定工人阶级的领导地位呢，这又是由它的经济地位所决定的。因为经济是基础，公有制为主体的经济基础保证了工人阶级的领导地位。中国共产党是工人阶级先锋队，反映了党的阶级性，是阶级属性的规定；工人阶级是党的阶级基础，阶级的先进性是党的力量源泉。因此，没有工人阶级在国家中的领导地位，也就没有共产党的执政地位，当然也就没有工人及其同盟军农民阶级的根本利益可言。

但是，在国企改革中，工人阶级的主人翁地位曾经成为一个有争议的问题，社会上包括工人自己也认为所谓的领导阶级已经不复存在，工人们已经从“主人翁”变为了“主人空”。关于这些问题的大概情况如下：

“国有企业职工政治资本下降的趋势是逐渐显露出来的。自国有企业实行承包制和租赁制起，国有企业职工的政治资本就开始走下坡路。虽然承包仅仅是职工对生产任务或生产环节的承包，但是它已经开始改变工人在国有企业中的身份。因为当一些工人承包某项生产任务时，就意味着他们同承包任务以外的生产活动或生产环节发生了分离，除了努力完成自己承包的任务以外，他们没有对其他生产环节与生产任务的责任。承包使国有企业职工被划分为不同的工作小组，他们被限制在较小的空间内，不仅成为企业局部任务的完成者，而且也因此弱化了他们对整个企业的关注、兴趣与监控能力。

“租赁是国有企业产权向私有化方向发展的开始。虽然租赁并未改变国有资产的所有权，但是租赁让渡了国有资产的使用权和经营权。因此，无论把国有企业或国有企业的一部分资产租赁给某个人还是租赁给某些人，国有企业的产权都已经发生了转移。事实上，国有资产的使用权和经营权要比所有权更具有实质性和现实性，当租赁者掌握了国有企业的使用权和经营权时，国有企业的所有权便仅仅具有象征意义了，国有企业的职工连同国有资产一起完全置于租赁者的支配之下，国有企业职工的主人地位也就仅仅是个名义了。”

“国有企业产权改革，特别是大批国有企业推行民营化，是国有企业职工政治资本彻底丧失的标志。在租赁制中，无论租赁者对国有企业的职工怎样苛刻，国有企业的职工在名义上仍然是企业的主人，他们在企业中的身份在制度或法律上没有被改变。而实行民营化后，国有企业的性质发生了变化，通过买断工龄，工人们断绝了同企业的关系，国有企业职工顷刻成为失业人员。当他们在经济上一无所有时，在政治上也没有了任何

以承担的成本，对成本的畏惧使工人难以发起权力行为。

“权力重新分配的结果是：管理者的法定权力增加了（比如 1992 年《全民所有制工业企业转换经营机制条例》规定的 14 项权力），管理者在权力组织（职代会、工会、党委）间分享的权利份额增大了，管理者并非来自国家法定，而是由社会经济组织规定。由管理者个人认定的权力增加了，以开除、辞退、调动岗位、降低工资、扣发奖金支持的权力能力增强了。不仅是厂长经理、分厂厂长、车间主任、工段长，甚至班组长等主管人员都程度不等地增大了权力。工人方面则是其法定权力因为管理者法定权力的增加而出现压缩，所保留的法定权力因为能力不足而趋于形式，以往非文本规定的权力减低到接近于零。比如，工人不再能投票选举厂长或者要求更换厂长，不再能参与各项重大决策特别是与自己利益相关的决策，不再能要求修改和参与修改规章制度，不再能参加对工资提升的讨论，不再能拒绝所分配的任务。即使在签订劳动合同的时候，工人也不能与管理者协商。……

“《劳动法》规定，工人有组织工会和发起集体谈判的权利，但是工人因为害怕开除而不敢组织工会，工会主席因为担心下岗而不敢要求与管理者谈判，或者不敢在谈判中提出对工人有利的条款。政府规章规定，处分工人需要经工会同意，但因为工会主席需要自保，所以更可能违心地同意。”①

如上所述，工人在全国人大代表中的数额急剧下降，“呼声”、影响力降低；管理者的法定权力增加，工人“不再能投票选举厂长或者要求更换厂长，不再能参与各项重大决策特别是与自己利益相关的决策，不再能要求修改和参与修改规章制度，不再能参加对工资提升的讨论，不再能拒绝所分配的任务”；除了这 5 个“不再能”，还有更加糟糕的“即使在签订劳动合同的时候，工人也不能与管理者协商”，没有人、没有法律制度能为他们维权。这就是当时工人的真实处境。

对此，我曾写过一篇《如何保证工人阶级的主人翁地位》的文章，提出了三个办法：坚持公有制为主体，坚持共同富裕的原则，改革要依靠工人阶级。现全文录之于下：②

---

① 陆学艺．当代中国社会阶层研究报告．北京：社会科学文献出版社，2002. 143 ~ 146.

② 余信红．如何保证工人阶级的主人翁地位，理论前沿，1997（20）．

如何保证工人阶级的主人翁地位

1. 必须坚持公有制为主体，工人阶级的主人翁地位才能得以实现

江泽民同志曾指出："全心全意依靠工人阶级，就是要在政治上保证职工群众的主人翁地位。"经济是政治的基础，政治是经济的集中表现。要在政治上保证职工的主人翁地位，首要的一条就是要坚持公有制为主体。

工人阶级的主人翁地位是建立在生产资料所有者这个基础上的。所谓"当家做主"，正是因为他们有一份很大的公有制占主体地位的"家业"。如果没有这份"家业"，则既当不了"家"，也做不了"主"；如果失去了公有制为主体的"家业"，工人阶级就失去了领导地位的经济基础，必然由"主人翁"走向"主人空"，成为占有劳动条件的人的"打工仔"。中国共产党是工人阶级的先锋队，工人阶级是党的阶级基础，没有工人阶级的主人翁地位，也就没有共产党的执政地位，当然也就没有广大工人、农民、知识分子的根本利益可言。因此，工人阶级的主人翁地位是建立在经济权利与政治权利高度统一的基础上的，没有经济上的做主，也就没有政治上的做主。江泽民同志还强调："工人阶级在国家和社会的领导地位和主人翁地位永远不能变。这是根本的政治原则问题，任何时候都不能有丝毫动摇。"（《人民日报》1995 年 12 月 27 日）要坚持这个根本的政治原则，只有坚持公有制为主体才能得以实现。

2. 保证工人阶级的主人翁地位必须坚持共同富裕的原则

共同富裕是建设有中国特色社会主义的一个重大原则，是社会主义的本质特征，是社会主义改革和建设的目的，也是对建设富强、民主、文明的社会主义现代化国家这一共同理想的高度概括。这一原则集中了人民的利益和愿望，是保证全体人民在政治上、精神上团结一致、克服困难、争取胜利的强大的精神武器。这个原则，和我们党的最高理想实现共产主义的社会制度是一致的，因为，共同富裕是实现最高理想的必经阶段。因此，在企业的利益分配中，必须体现共同富裕这一本质特征。但是，某些利益分配的决策者、公有制企业的经营者恰恰忘记了这一点，他们不断地在分配上拉大和职工的差距，从原来的 2 倍、4 倍、8 倍一直到现在某些企业的十几倍、几十倍。应该明确：我国公有制企业的经营者不同于外国的经理者阶层，在分配上不能照搬照套，盲目攀比。因为，经营者的经营权力是"公有制"给的，是经营者代表企业全体职工接受的。获得权力时是

如此，利益分配也应如此。企业效益好，经营者不能成果独享，企业亏损时，经营者要首先“吃亏”。

3. 改革的探索必须体现全心全意依靠工人阶级

全心全意依靠工人阶级，就是要依靠工人阶级办企业。江泽民同志指出：“离开工人阶级的主人翁作用和积极性、创造性，企业和现代化工业是办不好的。”（新华社 1996 年 1 月 15 日电）如何依靠工人阶级办企业，是企业改革中必须解决好的问题。所谓职工参加管理，所谓当家理财，都要在企业职工的民主管理、民主参与、民主监督中充分体现出来。企业改革和发展的过程，就是劳动关系的调整和扩大再生产的过程。民主管理，得让职工有职有权，有对事关企业发展前途、利益分配、劳动保护等方面的发言权、决策权；民主参与，必须让职工了解企业的重大决策、经营状况；民主监督，就要公开就业、公开财务管理、公开经营者的收入。依靠工人阶级办企业，是全心全意依靠工人阶级的具体体现，也是企业科学和民主管理的重要内容。

改革是有代价的，但绝对不能让主体利益受损，不能让较多的职工生活水平下降。江泽民同志在八届人大四次会议上说过：“在改革开放和现代化建设的整个过程中，我们要始终坚持贯彻一个重要原则，就是经济利益分配的着力点，必须首先保证广大工人、农民和知识分子得到实际利益，保证他们的生活水平不断提高。”因此，在涉及广大职工群众利益的改革措施出台时，必须有保证职工生活水平不下降的配套措施，必须一切从广大职工群众的利益出发，才能充分体现全心全意依靠工人阶级。

（三）如何在改革中依靠工人阶级

改革要依靠工人阶级，是 90 年代国企改革中党中央反复强调的问题，但是，既要实现现代企业制度的法人治理结构，又要体现中国特色，体现宪法与中国共产党党章的规定，保证中国共产党在基层的政治中心地位，就存在如何在改革中依靠工人阶级的课题，而且，这还是一个解决共产党执政基础的大问题。“基础不牢，地动山摇”，这些，我们当时在外商独资企业中搞调研的时候，有过强烈的对比与深刻的体会。因此，我写了一篇文章《关于企业改革依靠工人阶级的几个问题》，就改革要依靠工人阶级的问题提出了三个办法：坚持工人阶级在社会化大生产中的先进性理论，保证工人阶级的政治地位不下降，在改革中给工人以更多的经济利益。现全文录之于下[①]：

关于企业改革依靠工人阶级的几个问题

江泽民同志指出："工人阶级是我们党的阶级基础，是我们国家的领导阶级。我们党所领导的改革和社会主义现代化建设的全部活动与整个过程，都必须全心全意依靠工人阶级，这在任何时候，任何情况下都不能有动摇。我们必须认真研究在新的历史条件下坚持这一方针遇到的新情况新问题，有效地保障这一方针的贯彻落实。"（1995年4月29日在庆祝"五一"国际劳动节上的讲话）其中，"认真研究在新的历史条件下坚持这一方针遇到的新情况新问题，有效地保障这一方针的贯彻落实"，正是国企改革中亟待探索的重要课题。

1. 工人阶级的领导地位是与社会化大生产紧密联系在一起的

随着时代的变迁，工人阶级队伍在来源构成分布上呈现出一些新的情况、新的特点，但他们最大的特点仍然是与社会化大生产紧密联系在一起，依然是社会先进生产方式的代表。因而，工人阶级所具有的最有远见、大公无私、最富有组织纪律性和革命彻底性的本质特征就没有改变。邓小平是这样说的："工人阶级最重要的特点之一就是同社会化的大生产相联系，因此它的觉悟最高，纪律性最强，能在现时代的经济进步和社会政治进步中起领导作用。"（《邓小平文选》第二卷第136页）由于科技革命的发展，发达国家劳动力结构发生了重大变化，主要表现在：以第三产业为主的非物质生产部门的劳动力比重超过物质生产部门；传统工业劳动力比重急剧减少，与科技革命有关的新兴工业部门的劳动力增多；脑力劳动者的比重超过体力劳动者；雇佣劳动者受教育程度普遍提高，具有高等学历的雇佣知识分子人数增加。因此，一些西方学者提出，因为科学技术水平的发展，在一个庞大的车间里已基本上用电脑、机器人、机械手操作了，很少有几个工人，所以已经看不到工人阶级的作用了。其目的，是为了说明"科学技术革命已经使无产阶级这一概念失去意义"，也"论证"了"科学技术已代替工人创造剩余价值"。我国理论工作者对此作过分析，其中一个重要观点是：即使电脑和机器人也是人制作出来的，电脑和机器人配备的生产线，也是人安装的。至于剩余价值，不仅没有减少，反而增

① 余信红．关于企业改革依靠工人阶级的几个问题．理论与改革，1998（2）．

加，“据统计，剩余价值率，美国从1948年的236.7%提高到1977年的280.9%；西德从1950年的184.4%提高到1977年的260%；日本从1960年的124%提高到1975年的205%。”（《关于科学认识现代资本主义的几点思考》，《人民日报》1990年10月26日）

改革开放以来，我国经济飞速发展，产业结构、劳动力结构，也开始发生发达国家曾经历过的变化，“科学技术是第一生产力”已成为人们的共识。那么，工人阶级（包括知识分子）在其中起着怎样的作用呢？邓小平指出：“科学技术同生产资料和劳动力是什么关系呢？历史上的生产资料，都是同一定的科学技术相结合的，同样，历史上的劳动力，也都是掌握了一定的科学技术知识的劳动力。我们常说，人是生产力中最活跃的因素。这里讲的人，是指有一定的科学知识、生产经验和劳动技能来使用生产工具，实现物质资料生产的人。”（《邓小平文选》第二卷第88页）对这个问题江泽民同志也有精辟的论述，他说：“这几年我们再三强调科学技术是第一生产力，这个第一生产力里面包括了广大科技人员的重要作用，同时也包括了广大生产一线工人的劳动成果。”他强调指出：“广大工人群众对社会生产力的发展，包括对科技这个第一生产力的发展，始终起着重要的作用。”（《求是》1996年第4期第40页）更何况，我国尚处于社会主义初级阶段，“是由农业人口占很大比重、主要依靠手工劳动的农业国，逐步转变为非农业人口占多数、包含现代农业和现代服务的工业化国家的历史阶段”，是大多数人用手工工具搞饭吃的阶段。

2. 企业改革要保证工人阶级的主人翁政治地位不下降

现在，在有些地方、有的文章或有些人的心目中，工人阶级的形象不再高大，尤其是劳动力进入市场、成为商品以后，职工群众被看作是纯粹的简单劳动力，有家长教育孩子时就说：“你要是不好好读书，长大叫你去当工人！”可见，当工人不再是什么光荣的事情，“工人”也不再是那种顶天立地、成为民族脊梁的人。有一件事情，人们似乎已司空见惯：我们经常在铁路、公路、大桥、大楼、机场的工地上见到一排排非常简陋的工棚，这是建筑工人住的，很多老工人的大半辈子就是住在这样的工棚里。可是每到工程一结束，这些工人就卷起铺盖奔向下一个建设项目。而后进行的彩旗飘扬、锣鼓喧天的通车庆典、落成典礼和频频举杯的宴会，是没有他们的份的。出席的人当然都是些领导、名人、影星，有些还是花高价从几千里外请来的。所谓“吃水不忘挖井人”，已经是很遥远的事情。

还出现了本末倒置、公仆和主人位置颠倒的现象。最普遍的就是一些公有制企业的厂长或老总们都被称作了老板。其实天啊，他们哪里是什么老板？他们在企业里哪里有一分钱资产？包括他们自己住的房、乘的车不都是姓公？就是有一些承包制企业设立了风险抵押金，不也就是交了几千块钱？如果这种称呼是玩笑或调侃也无所谓，大家都需要轻松些，可是不少“老板”却偏偏把它当真的了。有的厂长在大会上说：“工人是主人，那我管谁去？”有厂长对工人说：“你们来上班，只要带手，不要带脑袋。”“我只要几个工程师就行了，要你们工人干什么！农村随便叫人来，有的是！”还说什么“企业不需要民主，老板个人说了算”；“搞好企业的动力不是工人阶级”；“股份制企业股东才是企业的主人，职工只是雇佣劳动者”等等。

理论界也提出了不少“新观点”，例如有人说：“工人阶级职工群众当家做主只能是一个政治概念，与经济无关”；有人说：“市场经济和企业现代化不需要、也不允许职工群众当家做主”；有人提出“企业的主人要重新定位”，甚至断言，企业的民主管理是“一种理论和实践的误会”。

种种情况表明，工人阶级的主人翁地位遭到削弱。吉林省的一份调查说，有64%的一线工人对其主人翁地位下降表示不满或不理解；海南省总工会对百家企业的一份调查报告显示，目前职工的积极性跌落到了历史最低点，而造成这种状况的一个重要原因就是工人阶级在政治上的主人翁地位被削弱，职工的民主权利没有得到落实。可以肯定，企业改革如果不保证工人阶级的政治地位，不发挥好工人阶级的积极性，企业改革就搞不好。江泽民同志指出：“离开工人阶级的主人翁作用和积极性、创造性，企业和现代工业是办不好的”。（《新华社电讯》1996年1月15日）他还说：“全心全意依靠工人阶级，就是要在政治上保证职工的主人翁地位，调动广大职工的积极性、创造性，增强企业的凝聚力和向心力；企业的经营管理，要实现职工群众对企业领导的有效监督。”（《马克思主义研究》1997年第2期，第45页）这里可以举一个河南省在企业中民主选举厂长的例子：根据“企业法”规定，国营企业厂长的产生有2种，一种是上级任命，一种是职代会选举产生，随便用哪一种。但过去大多数是上级任命的。后来有一家亏损大户洛阳色织厂搞不下去了，政府干脆放手让职工民主选举厂长，这一选竟然扭亏为盈。这个经验后来在全省而且多数在亏损企业中推广，到1996年底，河南省实行“民主选举”的164家国有企业、321家集体企业中，已经扭亏和扭亏有望的占83.5%，80户无亏损企业效果也同样明显。为什么这样一选就可以扭亏为盈呢？省委书记李长春认为：职工选举经营者，“自己信任的自己选，自己选的自己信任”，因此，职工的参与意识大大增强，民主意识大大增强，主人翁责任感大大增强，企业的凝聚力也大大增强。(《中外管理》1996年第11期，第4页)

3. 必须在改革中给工人以更多的经济利益

利益反映着特定历史阶段上人与人之间的社会关系，而人们结成社会关系的基本动因是为了实现自己的需要，因而人与人的关系本质上是利益关系。对改革受益者的认定，所反映的是人们对改革的最重要社会后果之一的认识。社科院一个课题组曾对“改革中受益最多的人是谁”的问题作过调查，调查表明，在9个社会阶层中，人们普遍认为，作为除农民以外人口最多的工人在改革中得益最少。因此，国企改革之所以进展不大，一个重要的原因就是没有给职工以更大利益和实惠。去年我到一些企业调查，就有职工群众提出一个问题：“现在搞企业改革，只有压力，上面压我们改，没有动力。改革能使我们得到什么好处?”大家可以回顾一下改革的初期阶段，打破平均主义，打破大锅饭，宣告干多干少、干好干坏不一样，宣告多劳多得从没有奖金到有奖金，承包也讲求“横向到边，纵向到底”，包到个人等等。这些方法，在调动职工积极性方面确实起过不少作用。如今搞现代企业制度改革，也要给职工一些什么利益吧？看不到改革以后的后果，甚至连个许诺都没有，怎么调动人们的积极性？党的群众路线是一切为了群众，一切依靠群众。企业的改革如果不是为了群众，这样的改革就没有意义；如果不依靠群众，改革也搞不好。党的十五大报告指出：建设有中国特色社会主义全部工作的出发点和落脚点，就是全心全意为人民谋利益。而工人阶级不仅是党的阶级基础、国家的领导阶级，也是人民的主体。一段时间里，有些改革措施出台以后，在职工的收益没有提高而一些单位效益下降的情况下，造成部分职工生活水平下降。例如房改，很多职工工作了一辈子，为了“临终”（退休）能住上房，不得不节衣缩食，到处借贷。搞房改可以盘活“存量资产”，但一大批老工人的“存量资产”到哪里去了？还有，原有的个人生老病死由国家包下来的机制被打破以后，个人要承担相当部分，无疑也给职工经济上增加了很大压力，以至于一些职工生病医疗得不到保障。如果是下岗工人碰到这种情形，情况就更加糟糕，给老少两代工人以很大创伤。一位下岗工人说：“我们还年轻，吃点苦算不了什么，可是老人家干了一辈子，到头来有病都没钱治，我们做晚辈的心里有多难受!”（《社会学研究》1997年第6期，第25页）在这种情况下，一些职工产生了失落感、恐惧感、无助感、被剥夺感，觉得“今不如昔”。一讲到改革，人们就以为又要多交钱，就想到下岗和失业，不想改革、怕改革。试想，如果是这种精神状态，企业的改革如何突破？

记得五六十年代一直到七八十年代，每当国家遇到困难的时候，都曾经对职工进行形势教育，做过这种思想政治工作：困难是暂时的，要求职工体谅国家和企业的困难，共渡难关。这些，广大职工群众都默默地做了。现在经济形势好转，在改革的时候，就不得不考虑职工们在这方面的贡献，决不能“碰到困难时就‘依靠’一番，不需要时就放在一边”。1997年12月24日，江泽民同志在北京看望职工时说：“长期以来，国有企业的广大职工群众为国家的经济发展和社会进步作出了巨大贡献，功不可没。”（《人民日报》1997年12月25日）这是我们不能忘记的。在国有企业经济效益普遍下滑，职工收益减少的情况下，把握好改革的力度和人们的承受能力之间的关系，就尤显重要。江泽民同志在八届人大四次会议上说：“在改革开放和现代化建设的整个过程中，我们要始终坚持贯彻一个重要原则，就是经济利益分配的着力点，必须首先保证广大工人、农民和知识分子得到实际利益，保证他们的生活水平不断提高。”这是我们在企业改革中必须遵循的原则。

上面所说的道理，大家都明白，即使当时反对上述道理的人，也只是故意装糊涂的。前引朱镕基在多次讲话中提出的一系列问题如公有制为主体能否与市场经济结合、市场经济能否实现共同富裕、按劳分配的原则能否在市场经济中实现、市场经济能否实现社会公平、股份化能否维护住国有资产等等，直到现在还是社会关注的热点问题。但是，如何在改革中给人民以利益，怎样在改革中依靠人民，仍然是关系到改革的动力与阻力的问题。

三、执政党在企业中的地位问题

中国工人阶级是中国共产党的阶级基础，国营企业是先锋队的大本营。在国企中，有着相当数量的中共党员，我自己就是在工厂中入党的，我曾经所在的工厂，有30%的职工是党员。就全国来说，大概也在这个范围内。有人提供了数据：“根据笔者多年来对国有企业的调查了解，国有企业的党员人数一般都占企业职工总数的15%以上，一些过去的军工企业党员最多的超过40%。党员覆盖面广，在职工群众中的影响也是广泛的。"[①] 因此，江泽民曾经说："全心全意依靠工人阶级，是我们党和国家的政治优势，也是我们从胜利走向胜利的重要保证。"[②]

但是，在公司制的改革中，执政党在企业的地位曾经一度成为问题。1997年1月，党中央发布了《关于进一步加强和改进国有企业党的建设工作的通知》。在学习贯彻的时候，我写过一篇《国有企业党组织如何发挥政治核心作用》的文章，认为，我国实行的现代企业制度与西方国家的现代企业制度相比，有三个不同的特点：一是以公有制为主体；二是工人阶级为企业的主人；三是共产党组织在企业中处于政治核心地位。在这种情况下，就会遇到别人没有的三个难题：第一，如果法人代表拒绝监督或逃避监督怎么办？第二，企业党组织实施监督的有效手段和制约机制是什么？第三，人家不让你"参与决策"怎么办？据此，文章提出了一些解决上述问题的想法，现全文录之于下[③]：

国有企业党组织如何发挥政治核心作用

党的十五大通过的党章，关于国有企业党组织任务的规定，与十四大通过的党章相比较，没有变动。除党章这个根本大法以外，规范企业党组织活动的主要还有这么几个文件：1989年《中共中央关于加强党的建设的通知》，1994年中共十四届四中全会决议《关于党的建设的几个重大问题的决定》，1997年1月颁发的《中共中央关于进一步加强和改进国有企业党的建设工作的通知》等。

通常，人们把企业党的建设指导方针归结为三句话，即充分发挥企业党组织的政治核心作用，坚持和完善厂长（经理）负责制，全心全意依靠工人阶级。因此，上级党组织对企业党组织的指导主要有三个方面：一是坚持国有企业的社会主义方向，保证党的路线、方针、政策和国家法律、法规在企业的贯彻执行；二是坚持党管干部原则，按照管理权限，依法选派、推荐国有资产产权代表和企业经营管理负责人，并对他们实施教育、培养、考核和监督；三是坚持发挥企业党组织的政治核心作用和党员的先

---

① 吴鹏．走出困惑——改革中的国有企业党组织．广州：广州出版社，1999. 75.

② 江泽民文选（第三卷）．北京：人民出版社，2006. 244.

③ 余信红．国有企业党组如何发挥政治核心作用．党政干部论坛，1998（3）.

锋模范作用。

那么，所谓党的政治核心作用主要体现在哪些方面呢？如下：认真贯彻党的路线方针政策，保证监督党和国家的方针政策在本企业的贯彻执行；参与企业重大问题的决策，支持厂长（经理）、股东会、董事会、监事会依法行使职权；领导企业的思想政治工作和精神文明建设，努力建设一支有理想、有道德、有文化、有纪律的职工队伍；全心全意依靠职工群众，支持职工代表大会开展工作；领导和支持工会、共青团等群众组织依照法律和各自的章程，独立自主地开展工作；加强党组织的自身建设，充分发挥党支部的战斗堡垒作用和党员的先锋模范作用。

按照《企业法》的规定，厂长处于生产经营的指挥中心地位；按照党中央文件规定，企业党组织处于政治核心地位。但是在实践中，“中心”和“核心”的问题一直没有解决好。尤其是近几年，出现了一批贪污腐化、携款逃跑的国企“老总”，这其中的很多人还曾经是改革的风云人物，头上的光环不可胜数，有全国劳模、人大代表、五一劳动奖章获得者、优秀企业家等等。这种情况令人震惊，也说明一些企业党组织的政治核心作用、监督保证作用没有发挥好。因此，这个问题就更加引起了人们的关注。

通过对目前企业党组织状况的调查，我们对问题的症结有了初步了解。1995 年，湖南省委对 100 家国有企业进行了调查，结果表明，有 50% 的企业党组织保证无力、监督无效，参与重大问题决策流于形式；30% 的企业党管干部的原则难以落实；70% 的企业思想政治工作削弱；90% 的企业党务、政工干部不安心本职工作，人心思走……这说明，不用说党组织的核心作用得不到发挥，而且相当一部分国有企业党组织在政治上的领导权“正在逐步丧失”。因此，江泽民同志在这个报告上批示：“党对国有企业在政治上的领导权决不能丧失。”但问题的严重性还不仅在于一个湖南省，而是一个带有共性的问题。四川省调查了 107 户国有大中型企业，有 7% 的企业在改制中大幅度地砍掉了党委工作机构和工作人员，有一个城市 343 家企业党务政工人员比原来减少 40.3%。该省还对企业的 32400 个基层党支部进行过调查分析，作用发挥一般的为 15800 个，占 49%，差的 9720 个，占 30%；在这 32400 个基层党支部中，有 9072 个支部 1995 年没有发展过一个党员，占 28%。

在建立现代企业制度的过程中，越来越多的企业实行了股份制。股份制企业领导体制的特点是：以股东大会为最高权力机构，以董事会为决策机构，以监事会为监督机构，以总经理为首的行政管理人员为执行指挥机构。但是，我国实行的现代企业制度是有中国特色的社会主义现代企业制度，它与西方资本主义国家的现代企业制度相比，有三个显著的特点：其一是以公有制为主体；其二工人阶级是企业的主人；其三共产党组织在企业中处于政治核心地位。在这种情况下，就会遇到几个难题：第一，如果法人代表拒绝监督或逃避监督怎么办？第二，企业党组织实施监督的有效手段和制约机制是什么？第三，虽然党章和党的文件对党组织“参与决策”的问题都有明确规定，但是《企业法》、《公司法》中没有明确规定。由此产生一种情况，就是别人让你参与才参与，不让参与就不能参与。

党组织参与企业重大问题的决策，是党章赋予企业党组织的主要职责。如果党组织参与不了企业重大问题的决策，就无法发挥保证监督作用，所谓政治核心作用就会落空。什么问题才叫企业的“重大问题”呢？笔者认为，凡提请股东会或董事会决策的问题，均属重大问题，党组织都要参与。一般这种问题带有方向性、全局性、长远性、关键性，如企业的经营方针、投资方案、长远规划、年度计划、改革方案、工资调整以及奖金分配方案、自留资金使用方案等等。怎样才能保证切实有效地参与呢？上级党组织、组织部门甚至企业党委完全可以根据党的根本大法和中央文件精神建立一系列制度，如：厂长（经理）定期向党组织报告工作制度、企业党政领导在重大问题决策前的沟通制度、党组织负责人参加厂长（经理）办公会和厂务会制度、企业领导人员收入申报制度、招待费用向职代会报告制度、亲属工作安排回避制度、职代会民主评议企业领导人员制度、企业党政领导换岗交流制度等等。这样，就使党章和党的文件中关于党组织参与决策的原则性规定有了可操作性，落到了实处。

保证企业党组织政治核心地位的另一个问题，是如何落实党管干部的原则。“党管干部”表现在对企业经营者的任免和管理方面，似无大碍。但是表现在企业内部，因为是一种原则而不是一种任免方法，这一点往往落空。从而也削弱了党组织企业政治核心地位的权威，削减了保证监督的力量。在企业内部，“党管干部”原则可以在以下四个方面实施：一是提名建议权。就是对包括公司领导的副职、中层干部等，党组织有提名建议之权。二是考察监督权。经营者当然应该有用人之权，否则就很难体现厂长负责制，但是，任免干部总得有一个程序，这考察的任务就应该规定落在党委分管下的如党办、组织等部门，而不能仅仅由行政分管的人事部门去考察，所谓监督也就在这个过程中体现出来了。经考察合格、党组织同意了，再由“老总”任命。这样做的好处，是可以避免“任人唯亲”和部分干部只“拍”老总马屁而目无党组织的现象，也可以避免一人说了算带来的认识干部的片面性。三是部分决定权，如对政工机构的设置、党群系统（党务、团组织、工会等）干部的任用，应该由党组织说了算，当然也应征求行政领导的意见，享受与行政同级干部相同的待遇。四是培养教育权。党组织不能放松对企业经营者包括行政干部的培养教育，例如学习、汇报思想和工作情况、开民主生活会等等。这是事关党组织和个人之间领导与被领导的关系问题，即使是企业经营者，也必须以普通党员的身份面对党组织。

在后来的探索过程中，对于企业党组织怎么办的问题有了一些新的解决办法，即党委书记、董事长由一人担任，同时配备一名党委副书记。1996年4月20日，中央组织部发出《〈关于在现代企业制度百家试点企业中加强和改进党的工作的意见（试行）〉的通知》，《通知》提出：条件具备的，党委书记、董事长可由一人担任，配备一名党委副书记以主要精力抓党的工作。1997年1月，中央发布的《关于进一步加强和改进国有企业党的建设工作的通知》又对此作出了明确的规定：“加强国有企业领导班子建设，关键是选好配强党委书记、厂长（经理）和董事长，优化领导班子的整体结构。实行公司制的企业，党委书记、董事长可由一人担任。由一人担任的，应具备两个职务所要求的条件和能力，同时配备1名党委副书记以主要精力抓党的工作。党委书记和董事长分开配备的，党员董事长可任党委副书记，党委书记可任副董事长。根据工作需要和人员条件，党委成员可依法分别进入董事会、监事会和经理班子；董事会、监事会、经理班子中的党员，具备条件的，可按照有关规定进入党委会。董事长与总经理原则上分设。”这个举措又叫作“双向进入、交叉任职”，就是“党委成员可依法分别进入董事会、监事会和经理班子”，有点“打入”公司内部或者两块牌子一套人马的意思。

“为保证企业党组织参与企业重大问题的决策，多数试点企业党委有关成员与董事会成员实行了‘双向进入、交叉任职’，力图通过进入董事会的党委成员来反映党委的意见和建议，并把董事会的决策结果反馈给党委。董事会对重大问题统一决策的作用是不容置疑的，党委要参与重大问题决策，但主要是提出意见和建议，而不是代替董事会决策。

“17家正式启动董事会试点的企业中，党组书记或党委书记都进入试点企业的董事会，其中有 13 家的董事长兼任党组或党委书记，占到试点企业的 76.5%。"①

"据 1996 年统计，百家试点企业的方案中有 45.6% 的企业选择了董事长、党委书记一人兼的方案。实践证明，这种方案有利有弊。有利的方面：在国有资产管理体制尚未理顺，企业里所有者代表还没有真正到位，党组织参与企业重大问题决策的形式尚在探索的情况下，为了减少扯皮和内耗，党政负责人交叉任职，党政主要领导职务一人兼有利于过渡。值得探讨的方面：公司制企业所有者、经营管理者、劳动者是三个不同的利益主体，党委书记兼任董事长，实际上就起了所有者代表的作用，对出资者负责，屁股当然就坐在了所有者一边，如果企业与职工发生矛盾，不利于党组织站在更高的层次上，超脱于各个利益主体出面进行协调；企业面对的是激烈的市场竞争，党委书记兼任董事长或经理，容易陷入具体经营管理事务，甚至涉及司法事务，是否还有精力抓党的建设？"②

1999 年 9 月，党的十五届四中全会作出了《中共中央关于国有企业改革和发展若干问题的决定》，进一步明确：国有独资和国有控股公司的党组织负责人可以通过法定程序进入董事会、监事会，董事会、监事会、经理层及工会中的党员负责人，可依照党章及有关规定进入党委会；党委书记和董事长可由一人担任，董事长、总经理原则上分设。充分发挥董事会对重大问题统一决策、监事会有效监督的作用。同年，为了加强对国有企业的领导，中共中央发布了《关于成立中共中央企业工作委员会及有关问题的通知》，明确了中央企业工委是党中央的派出机关，与此同时，成立中央企业纪律检查工作委员会。中央企业纪律检查工作委员会是中央纪委的派出机关，接受中央纪委和中央企业工委的双重领导。

因为十五届四中全会通过的决定重申了坚持党管干部原则，提出把党管干部原则和董事会依法选择经营管理者以及经营管理者依法行使用人权结合起来，虽然"对企业及企业领导人不再确定行政级别"，但是，"中央和地方党委对关系国家安全和国民经济命脉的重要骨干企业领导班子要加强管理"，因此中央确定了五十多家中央特大型企业领导班子由中组部任命。后来又改为正职（党委书记、董事长、总经理）由中组部任命，其余高管人员由国务院国资委任命。有些省市还曾实行过省（市）委组织部部

---

① 张卓元，郑海航．中国国有企业改革 30 年回顾与展望．北京：人民出版社，2008.228.

② 张志刚，左太行．深化国有企业改革研究．北京：人民出版社，2002.250.

长兼任国资委主任的办法，使管资产和管人、管事相结合得到落实。

至此，企业改制中出现的执政党在企业中的地位问题，在中央企业中得到了较好的解决。

第七章

从头再来，再就业工程成效显著

一、社会保障缺位条件下的国企改制

社会保障不仅是一个名词，而且是一项重要的法律制度的总称，具体到老百姓个人来说，可能没有哪一项法律制度如此与自己息息相关。所谓社会保障制度，是指国家为了保持经济发展与社会稳定，对公民在年老、疾病、伤残、失业、生育、遭遇灾害或面临生活困难时，由政府和社会依法给予物质帮助，以保障公民的基本生活需要的制度。在国企改革中的社会保障问题主要集中在养老、医疗、失业三方面，尤其是失业保险，只要一下岗（或失业），立刻面临吃饭问题。民以食为天，是否要让职工下岗，因为还没有建立社会保障体系，改革者首先考虑的也是这个问题。朱镕基在2000年4月的一次讲话中是这样解说的："1997年，我们曾提出'规范破产，鼓励兼并，下岗分流，减员增效，实施再就业工程'，但我们实际上并没有主动地去做'下岗分流，减员增效'这个事情。现在仍然是三个人的饭五个人吃，甚至十个人在吃。为什么？因为还没有建立社会保障体系。企业只能随时根据生产的需要、管理的需要，精减人员，才能办好，没有这个机制就办不好，这就必须有一个社会保障体系。……现在就准备争取在今年内解决建立体系的前提，在明年内建立起这个体系。这个社会保障体系是低标准的、中国特色的，让下岗工人有饭可吃，生活过得去，但还不能吃得很好。过去提出再就业服务中心对下岗职工只管三年，这恐怕不行，得把他们养起来，一直到他们重新找到工作为止。所以，必须有一个全国统一的标准、统一的发放制度、统一的筹集资金的办法。

"……《政府工作报告》里也讲到，下岗职工由企业再就业服务中心保障基本生活逐步转向享受失业保险，逐步并轨。现在看起来马上开始试点的条件还不足。还没有解决资金来源问题，怎么能并轨呢？当时决定在东部一些省和某些城市进行试点，不够慎重。但在个别地方，比如说在深圳、厦门这些经济实力雄厚的地方，也许有这个可能，不过这样的地方不会太多。所以，现在我们决定先不马上搞试点，有条件的省自己也可以试，主要是完善现有的社会保障制度，把'三条保障线'真正落实到位，这就很不错了。"①

"还没有建立社会保障体系"就是国企改制的背景，所谓"减员增

---

① 朱镕基讲话实录（第三卷）. 北京：人民出版社，2011. 482 ~ 484.

效”、“下岗分流”就是在这种社会保障缺位的条件下进行的。长期以来，人们都认为国有企业待遇好、福利好，怎么到了关键时刻，国有企业的这些待遇就全部没有了呢？这里有一个情况，就是许多保障都有，偏偏没有下岗或者失业保险。对这个情况需要作一个回顾：

1949 年 4 月 1 日，中国共产党已经在新中国成立后的东北公布并且实行了一个《东北公营企业战时劳动保险条例》，这个条例的许多基本内容保留在 1951 年政务院颁布的《中华人民共和国劳动保险条例》之中。同时，以独立法规的形式，建立和实行了包括职工养老保险，职工疾病及医疗保健，职工因工致伤、致残、死亡保险，职工生育保险，职工供养直系亲属医疗及死亡保险等多种保险项目。1955 年，全国总工会颁布了《职工生活困难补助办法》。1957 年，国务院发布《关于职工生活方面若干问题的指示》。1958 年，国务院通过了《关于工人、职员退休处理的暂行规定（草案）》和《关于工人、职员退职处理的暂行规定（草案）》。1965 年，劳动部和全国总工会发出了《关于改进企业职工劳保医疗制度几个问题的通知》，新规定要求职工就医要收挂号费；营养滋补品除特批外一律自理；职工因工受伤或因职业病住院，本人承担三分之一的膳食费等。养老保险制度大致是这样的：企业按工资总额的 3% 缴纳劳动保险基金，实现分级管理、全国统一调剂使用。企业所缴保险费的 70% 留下用于支付养老金，30% 转为国家总基金。但是在“文革”期间的 1969 年，财政部发文停止了筹集劳动保险基金，退休费用改由企业自行负担，从那时起，养老保险实际上蜕变为企业“自保”。

医疗保险的主要精神是：国企职工享受劳保医疗，职工患病的基本医疗费用由企业负担，职工直系亲属患病所需的基本医疗费用由企业负担一半。这就是人们最津津乐道的“劳保”——看病不要钱，家属报一半。劳保医疗经费由企业按工资总额的 5% ~7% 提取，1969 年后改由职工福利基金支付。如果是亏损企业可以由其主管部门补贴。当时，多数企业都有自己的医院或者医务室，大病可以转院，最早连挂号费都不用，直到 1965 年出台《新规定》才规定了挂号费自理，其实，当时的挂号费只要 5 分钱。

由此可见，新中国成立以后，城镇企事业单位（集体企业参照执行）与《中华人民共和国劳动保险条例》相配套，公共卫生保健、社会救济、社会福利等社会保障制度，基本上建立起来了。这套制度就叫作“劳保”。但是，在这些保险之中，却独独没有失业保险。这是因为在社会主义改造完成以后，1957 年我国宣布消灭了失业，当然也就没有了这个险种。所以，职工下岗不叫失业而创造了“下岗”这个名词，国家承认有失业要到20世纪末。

我在企业的时候，由于年轻，看病不是太多，但是因为经常受伤，“伤湿止痛膏”成为生活中不可缺少的东西。当时它还有一个好处，就是被拿来“补”工作服，由于是单身汉，衣服破了没人补，我们就在衣服的里面贴一块“伤湿止痛膏”。因为看病不要钱，所以浪费是比较大的，这正是医改的理由。但我对自己工伤的治疗是有深刻记忆的。

1980年夏，我捞到一个“差事”，与另外几位同志赴东北某大型化工厂进行一种耐酸水泵的定型试验，根据合同，这个试验要进行半年，以考验水泵的性能与使用寿命。我们要24小时值班，分成2班，每班2人值守12小时。可惜的是，干了不到两个月，在上夜班的时候，我原来因工受伤的眼睛发生了变化，右眼像猫眼一样闪闪发光，同事们都吃了一惊，劝我赶紧去上海动手术。

我的眼睛被确认为工伤之后，单位的领导与同事们一直非常关心，我往返上海的医疗费、差旅费全部是单位报销的。那次我在外地工作眼睛发生问题需做手术治疗，被同事们迅速地汇报给了工厂领导，单位还专门派了一个人送我回上海做右眼白内障摘除手术，这样东北的工作就只剩下两个人做了。手术后不久，东北那边的工作告急，单位又从厂子里另外派了一位同志来沪护理我，以替换护理我的试验小组的同志。据医生告知，国外已经有人工晶状体手术了，待这项手术可以在我国施行之后，我国的白内障患者也可以植入人工晶状体了。因此，后来的20多年我一直是用一只眼睛工作的。植入人工晶状体部分地恢复右眼的视力，是20多年后的事情。

由此可见，在当年的国有企业里，医疗保障体系比较完备，类似我这样的工伤事故治疗，单位是尽其全力的。这样的事例，在我的单位及其他厂也看到很多，都是一包到底。在老有养、医有保的保险福利制度上，国有企业曾经作过积极的探索。

但是，到了“20世纪80年代初，‘企业自保’的办法已经造成企业之间养老负担的畸轻畸重。纺织、粮食、制盐、搬运等行业中的老企业，退休费用相当于在职职工工资总额的50%以上，个别企业甚至超过工资总额；而在一些新兴的行业和新建企业中，如电子、仪表、化工等企业，退休费用不到工资总额的5%。随着老企业退休人员逐年增加，退休金支出增大，新老企业退休费用负担畸轻畸重的矛盾越来越突出，退休费用由企业支付的办法，已经无法保障退休人员的生活。特别是一些严重亏损的企业，因无力支付退休费用，不得不减发、停发养老金。还有一些企业，为了照顾在职职工的利益，降低甚至取消退休待遇，引起退休人员及其家属的强烈不满，四处上访，影响社会安定”①。

很显然，企业“自保”，企业没有了，也就没有人保你了；你离开企业也没有人保你；企业没有钱也无法保你。所以，在企业转制的过程中，养老、医疗、失业保险这些问题是同时爆发出来的。因此，在这种条件下搞改革，建立社会保障体系的任务非常紧迫。但是由于没有钱，国企改制过程中造成了很多职工生活困难，并且留下了许多遗留问题。“在国有企业中，企业转轨困难，国家无力投入，工人不得不承担改革成本。市场经济要求国有企业自主经营、自负盈亏，以经济效益为中心，而国家又要它承担稳定职工队伍的社会责任。这对于背着沉重的历史包袱的国有企业来说，是很难做到的。夹在矛盾之中的职工处于很不利的地位。企业分离富余人员是大势所趋，而社会保障又没有建立起来，这一矛盾又把工人置于不利地位。”②

1998 年 3 月，朱镕基在《妥善解决下岗职工的分流安置和再就业问题》的讲话中说：“关于拖欠企业离退休职工工资和养老金问题。这个问题虽然不属于下岗职工的分流安置和再就业问题，但有的同志反映，这是各地当前矛盾比较多、容易引起社会同情、影响社会稳定的第一位问题。有的同志说，现在虽然下岗职工比较多，但像离退休职工那样的集体上访事件还不多。因为他们还年轻，多少还可以找到一点活儿干，或者还可以依靠父母。离退休人员一点没依靠，如果再领不到养老保险金，他们就‘流离失所’了，所以，他们要讨个说法。这个问题值得我们高度重视，回北京后要认真研究。产生这一问题的主要原因是，养老保险金入不敷出，又缺乏必要的积累。我的基本看法是，拖欠企业离退休职工工资和养老金，涉及的问题比较多，是影响社会稳定的大事，一定要采取切实措施解决好。……现在有的地方，每两个在职职工就养一个离退休人员，还有个别的企业是一个人养一个人。面对国有企业这种一代人要养两三代人的状况，养老保险金根本不够，很大的危机是‘寅吃卯粮’，所以，一定要提高养老保险覆盖面。三是加强养老保险的资金管理。到去年，养老保险

① 宋晓梧．中国社会体制改革 30 年回顾与展望．北京：人民出版社，2008. 128.
② 杨继绳．中国当代社会阶层分析．南昌：江西高校出版社，2011. 186，211.

金被挤占挪用了94亿元，这种情况不能再继续下去。

“……外国的失业率很高，欧洲达到百分之十几，比我们的高；但人家的社会保障制度完善，人即使失业了，也能活得下去。在目前我国社会保障制度不完善的情况下，国有企业改革是很困难的，动不了人，很难破产。现在企业破产要有指标，自己乱破不行，过去那种破产方法是行不通的。为什么呢？人为破产后，资产首先要还债、要交税，企业根本没有钱来安置人员。再说，资产也值不了几个钱，连欠账都还不清，怎么能破产呢？企业要破产，要有严格的审批程序。现在养老保险金欠债很多，我想请财政部、国务院体改办等部门一起来研究。西方有个办法，为了弥补养老保险金的不足，发行一种不还本的国债。美国在历史上就发行过一种期限长达100年的国债，当时美国的社会保障制度还不完善，这种国债只给利息不还本。这带有一定的社会救济性质，很多有钱人还是愿意买的，因为有安全保证。再一个办法，就是将来要收社会保障税。最近，项怀诚同志到美国考察，美国一年税收1.6万亿美元，其中8000亿美元是所得税和消费税，占一半；其他的8000亿美元中有4000亿美元是社会保障税，是从个人那里收来的；而个人所得税很少，只有2000亿美元。”①

为什么由国家主导的保险体系没有建立起来，而计划经济时期社会保障的事业又能够基本运转呢？这就与计划经济体制下职工的高福利低工资政策大有关系。计划经济体制下国营企业的初次分配是这样运行的：“在计划经济体制下，工人得到的工资不是足额的，工资是劳动力再生产的价值，也就是维持工人本人和其家庭的物质文化生活资料的价值，应包括衣、食、住、行、教育、医疗等方面的费用。在统包统配的劳动制度下，本应属于工资的一部分的住房、教育、医疗、养老等费用都由国家扣下了，再由国家对他们进行终身保障。”②

就是说计划经济体制下工资的一部分在发放之前就先扣下，用于职工的住房、教育、医疗、养老等费用，这就是通常所说的低工资、高福利政策。福利项目大约可以分为三类：一是以货币支付的各种福利补贴，如生活困难补助、上下班交通补贴、水电费补贴、冬季宿舍取暖补贴、夏季防暑降温费、书报费、托儿补助费、独生子女费等；二是为使职工生活方便而建设的集体福利设施，如食堂、托儿所、幼儿园、浴室、理发店、缝纫

---

① 朱镕基讲话实录（第三卷）. 北京：人民出版社，2011. 25～27.

② 杨继绳. 中国当代社会阶层分析. 南昌：江西高校出版社，2011. 186.

店、洗衣房等；三是为提高职工生活质量而建设的文化生活服务设施，如图书馆、阅览室、俱乐部、文化宫、体育场等。发放到职工手中的福利补贴项目还有丧葬抚恤金、生活困难补助费、每年一次探亲假的交通费、洗理费等；女工有专门的卫生费；有害工种有不同级别的营养补助。生活困难补助是由工会评定补助数额的。

今天来看，实行这种政策除了当时为计划体制的思路所认同，也是学习借鉴苏联东欧国家经验的结果。还有一个重要原因，就是与国家没有钱而又要赶紧发展起来有关系。新中国急需积累用于工业化的资金，其来源一方面来自农民，来自工农业"剪刀差"；另一方面就是来自工人，而来自工人的部分主要就是"扣减"了的部分工资。因为工资是当期的，是每个月要发的，而相当多的福利项目是远期的或者是逐步的，例如养老、住房、教育、医疗，不是同时、立刻需要花费的，这样就有了积累。但是，实行低工资政策而实现的"积累"，实际上就是借了或者说欠了职工的钱。国家"扣下"的部分与"剩余价值"的道理相同，不同的是这部分国家声明要还的，不是跑到资本家个人的腰包里去了，然而那是在远期。今天，当我们在批判当时的低工资高福利政策时，可能不能离开历史条件，也不能不计算这个内容的贡献。当党在1981年十一届六中全会上宣布一个独立的比较完整的工业体系已经建立起来的时候，如果不是这个政策对工人阶级的这一"克扣"，可能直到今天，这个工业体系都建立不起来。如果按照今天的工资标准或者设想的比较完善的社会保障体系来生产"两弹一星"，可能这个"弹"仍然在"窝"里孵着。在一个尚没有实现工业化的国家完成高科技，那才叫"超前发展"，你不能不对工人阶级的贡献肃然起敬。

现在的问题是：当历史发展到另一个时代，企业要下岗分流与减员增效时，首先要归还对职工的欠债，否则就成了"言而无信"了。但是，还是那个老问题：没有钱！

造成企业"没有钱"而不能"自保"的另外一个重要原因是企业社会负担过重。"历史包袱沉重、企业冗员过多、承担企业办社会职能，已经成为我国国有企业结构扭曲、效益不佳、更新改造能力不足、兼并重组困难的重要原因。在推进分离社会职能、分流冗员改革过程中，又出现下岗职工再就业困难与社会保障能力不足的难点问题。"①

---

① 张志刚，左太行．深化国有企业改革研究．北京：人民出版社，2002. 226.

企业办社会问题的产生，是计划体制的直接结果，由于国有企业作为政府的附属物，代替了政府的许多职能。同时，又由于政府包办企业，承担无限责任，所以，企业的生产经营目标并不是以利润为中心，企业为办社会所承付的费用，也包括在企业应上缴国家的利税之中。维护生产靠提折旧，职工福利有提留。正因为如此，职工的生老病死、子女入托、入学、就业，统统由企业包下来。在这种情况下，企业不要说发展，就是正常的生产经营都难以维系，国有企业办社会的具体情况，有专家做了这样的概括："一是承担就业职能。在计划经济体制下，我国采取的是把国有企业作为社会就业的蓄水池的制度，这导致企业人员不断增加。据统计，1994 年，全国国有企业富余职工达 1000 万人，约占国有企业职工总数的 12%。这些富余人员主要由企业包下来，既降低了企业的效率，又吃掉了企业的利润。……据调查，在大型国有企业比较集中的辽宁省，其富余职工的比例超过 19%。对 400 家国有工业企业的调查表明，有 1/5 的企业平均每 2.5 人要负担一个冗员，这些费用要吃掉这些企业的利润总额的 17%。

"二是承担社会保障职能。国家的经济、社会的正常运行需要有相应的社会保障体系与之相适应，特别是在市场经济体制下，社会保障体系的建立和完善尤其重要。在计划经济体制下，国家一方面对国有企业的职工实行低工资制；另一方面，对职工的养老费用和医疗费用采取统筹管理、单位支付的办法。在国民收入分配过程中，通过各项扣除，直接进入财政收入的环节，并作为投资基金又投出去，这样，就使本来应进入企业职工专门账户的这笔由国家统筹的社会保障基金，没有真正到位。实际上变成了固定资产，形成了国家对职工的负债。年复一年，债务越积越多，量越来越大。可是，在过去的体制下，我们没有必要计算和明晰，而在市场条件下这一问题突出地显现出来。特别是随着国有企业职工的年龄老化，用现期的企业收入支付历年积累下来的职工社会保险费，企业根本就难于承受。据统计，我国国有企业的离退休职工 1994 年比 1978 年增长了 1816 万人，平均每年递增约 114 万人，使在岗职工人数与退休职工人数之比达到 3:1 甚至 2:1，与之相应的是离退休费用成倍扩大，由 1978 年的 16.3 亿元增加到 1990 年的 459.7 亿元，平均每年递增近 37 亿元。

"……这样国有企业就代替国家承担起这项福利职能。为此国有企业不仅投入大量资金兴建职工住宅，而且还提供各种住房补助和维修费用。因为住宅既然是福利性的，那么房租就只能是一种象征性的，维修当然要由企业来承担。不仅如此，有的企业还实行了各种形式的住宅补贴，变相给职工发补贴。有的职工不仅不用交房租，而且还要倒补。据统计，1990年全民所有制企业住宅建设投资额为370.19亿元，1992年增加到793.44亿元，仅两年中就增长了114.33%。除此之外，企业还承担了大量生活福利性支出。例如各种实物补贴，如发衣物、副食品、肉、蛋及其他鲜活产品，也包括分发各类生活日用品，甚至有的还发家用电器等；非实物补贴，如各种有价证券、礼品券、购物券等；以及价格补贴和其他奖励性、福利性补贴等等。据初步测算，现在补贴性收入在全部收入比重中占1/3以上，超过基本工资部分。这些补贴有经常性的，也有不是经常性的，有固定的，也有非固定的。

"四是社会性服务职能。如前所述，企业办社会，是国有企业一大特点，几乎占企业留利的1/3左右。除了前面提到的办学校、办医院、办各种文化设施之外，还要负担各种公益性事业费用，如治安、各种形式的'共建'等，此外，还有各种社会摊派。由于这个问题比较复杂，有的是企业不得已而为之的，有的是企业不得不为之的，有的也是企业乐于接受的。"①

企业办社会就像是负重而跑的马拉松运动员："据估算，企业办中小学约1.7万所，在校学生约732万人，教职工63万人。企业办医院7292个，床位60万张，工作人员79万人。

"分离企业办社会职能是深化国有企业改革的一项重要内容。在2004年年初，全国国有企业自办的中小学还有1.1万多所，自办的医院6100多所。国有企业每年缴纳城市建设费和教育附加费约500亿元，同时每年用于办社会职能的资金支出达456亿元。分离企业办社会职能工作涉及面广，协调难度大，并且需要一定的改革成本。

"'企业办社会'不仅导致企业低效、财政减收、资源浪费和机制僵化，而且已成为国有企业深化改革、增强活力的严重障碍，而且将影响社会稳定，已到了非解决不可的地步。"②

"最后是不合理负担重。1996年，国有工业企业的不合理负担达600亿元左右，比当年的利润总和还要多。这些支出带来繁重的成本压力，不

---

① 付卡佳，白津夫．迈向21世纪：中国股份制．北京：中国工商出版社，1998.326~328.

② 张卓元，郑海航．中国国有企业改革30年回顾与展望．北京：人民出版社，2008.351~352.

仅直接影响其经济效益和经营积极性，而且严重制约着国有企业的发展。”①

这就是企业“没有钱”而国家也没有钱的原因，企业没有钱是因为交上去或者交出去了；国家没有钱是因为一收到企业交来的钱马上就花出去了。“在传统体制下，我国一直实行‘低工资、低消费、高积累’的政策。从 1952 年到 1978 年，职工实际平均工资年均增长仅为 0.38%，而积累率却由 1952 年的 21.4% 增长到 1978 年的 36.5%，其中的许多年份甚至高达 40% 以上。显然易见，国有资产中的一部分是靠老职工牺牲其消费和未来积累凝聚起来的。因此，在转轨之际，由政府承担起这一代际转移的义务，向老职工支付养老金，以顺利实现养老保险体制从现收现付制向个人账户和社会统筹相结合的新体制过渡，既是公平的，也是明智的。”②

欠债还钱天经地义。但是企业改制以来，垮的垮了、卖的卖了、逃的逃了，并的并了，分的分了，树倒猢狲散，对职工的历史欠账到底应该由谁来解决？专家们提出了不同的方案：

“历史欠账到底应该由谁来解决？我认为，主要应该由国有资产或国有现有存量资产来承担。比如，退休工人医疗费的欠缺、社会保险费用的欠缺问题，现在如果不下决心在国有资产中划出一块把这个历史欠账堵上，那么对整个社会经济发展的制约就越来越严重。企业很沉重的负担就是职工的退休金和医疗费用，现在让其都分散到每一个企业是不公平的。因为在历史上，这些退休养老金和相应的医疗保险费用大多都让国家用来扩大再生产了。……

“战略调整中一定要考虑历史欠账的根本性解决，这是一个机遇，估计需要一万多亿元才有能力解决这个问题。这一万多亿元可以通过两种方式解决：一种是让一部分国家持有的上市公司的 60% 左右的国家股、法人股上市，拿这部分钱作为国家社会保险基金；另一种是盘活一部分国有资产，完全解决历史欠账问题，没上市的也可以这样做。”③

但是，对“是否还”和“如何还”这笔“欠账”的问题，曾经有过争论，吴敬琏披露了当时的争论情况：“在国家承诺包揽国有企业职工的养老、医疗等保险，实行现收现付的情况下，职工的社会保障缴费在发放

① 张志刚，左太行．深化国有企业改革研究．北京：人民出版社，2002. 147.
② 孙祁祥．“空账”与转轨成本——中国养老保险体制改革的效应分析．经济研究，2001（5）．
③ 张志刚，左太行．深化国有企业改革研究．北京：人民出版社，2002. 228.

工资以前已经作了扣除；这笔钱积累在国家手里，用来兴建国有企业；职工不需要，也没有个人账户积累。这样，老职工的养老保障由现收现付制转向个人账户制后就势必出现‘空账户’问题。所以在十四届三中全会通过《关于建立社会主义市场经济体制若干问题的决定》时就有若干经济学家和经济工作者提出，应当从国有资产中‘切出一块’，划入老职工的个人账户，以补偿国家对他们的社会保障欠账。显然，这样做是既合理又合法的，因为在工资扣除基础上形成的这部分国有资产产权本来就属于为这种积累作出贡献的老职工，在改行个人账户制时自然应该将这部分积累付还给他们。国家是否偿还它对曾为国有资产的存量积累作出过贡献、又往往在经济改革利益重组过程中受到某些利益损失的老职工的这笔欠账，是一个关乎数以亿计的老职工的基本权益和政府的政治信誉的重大问题。

“遗憾的是，上述建议没有得到有关部门的采纳，以致 1997 年建立统一的基本养老保险体制以来，新体制的运行因为入不敷出而步履维艰。由于用企业的社会统筹缴费支付国家对老职工的欠账，现有职工不得不背负为其个人账户缴费和为老职工支付‘社会统筹’的双重负担。在许多老工业基地，尽管企业的社会统筹负担已经十分沉重（仅养老金一项一般就占企业工资基金的 25% 左右），但由于企业效益滑坡、逃避缴费现象严重和老龄化加剧，社会统筹账户仍然收不抵支，只好挪用改革以后加入职工队伍的‘新人’的个人账户资金，使这些账户也成了有名无实的‘名义账户’。1998—1999 年后这一账户的累计亏空高达 1000 多亿元。总体来看，这种需要由政府负担的养老保险隐性债务规模很大。世界银行 1997 年估计为当年 GDP 的 46% ~69%；一些经济学家的估计为当年的 71% 至 94% 不等；国务院体改办课题组的估计数更高达 145%。即使假定隐性负债只占我国 1997 年 GDP 的 30%，其总量也超过 2 万亿元。对老职工的这笔养老保险欠账问题不解决，新的养老保险体系无法正常运作，建立社会安全网、保持社会稳定就会成为一句空话。从我国的实际情况看，其他可以设想的办法，无论是由国家预算出资，征收社会保障税，由财政发行认可债券（recognitionbonds），还是发行彩票，都很难保持长治久安，而用国有资产存量解决政府对老职工的养老保险隐性债务问题乃是唯一现实的选择。

“正因为这样，2000 年上半年有关方面曾经拟定过划拨近 2 万亿国有资产存量‘做实’老职工的社会保障个人账户的详细计划。我认为，现在仍旧可以回到这个计划的基本设想上去，将一部分国有资产（或国有股东权益）划归社会保障基金，并根据职工的年资和最高工资记入他们的个人账户。划拨资产的所有权连同按月缴费都属于个人账户的开户人，由社会保障基金理事会托管。由于‘新人’的个人账户资金也已经大量被挪用，除‘做实’老职工的个人账户外，还要用一部分国有资产‘做实’‘新人’的‘名义账户’。”①

这笔欠账，“在工资扣除基础上形成的这部分国有资产产权本来就属于为这种积累作出贡献的老职工”，是“一个关乎数以亿计的老职工的基本权益和政府的政治信誉的重大问题”，有些专家估计一万亿，有些专家估计两万亿，遗憾的是，“上述建议没有得到有关部门的采纳”。实际上这是采取了一种“拖”的办法，拖到那一代人都不在了。然而这个“拖”字诀却造成了一个永远遗留的痛。

二、分流先分忧

朱镕基曾经严肃地指出：“妥善解决下岗职工的分流安置和再就业问题，是社会主义本质的要求，是党和政府应尽的责任。这不仅关系国有企业改革的成败，而且关系社会稳定和政权巩固，是我们当前最重要的任务之一。必须采取一切必要的措施，切实把这件事情办好。”② 将分流安置和再就业问题作为社会主义本质的要求，看作是关系国有企业改革的成败、关系社会稳定和政权巩固的重大问题，这个高度应该是最高的了。

有人给下岗分流和再就业工作总结了一条经验，叫作“分流先分忧”。因为不管是破产还是减员增效、下岗分流，最突出的问题，首先是解决下岗职工的生活问题，解决退休职工的工资问题，也就是失业保险、养老保险的问题，这两个问题乃是社会保障的主要内容。如前所述，企业改制是在社会保障缺位条件下开始的，这个过程，也是新型的社会保障制度建立的过程，否则国有企业改革难以进行。所以中央文件或中央领导曾多次提出，社会保障制度的建立不仅仅是经济问题，而且是重大的政治问题。朱镕基在 1994 年中央经济工作会议上的总结讲话中就说过：“逐步建立社会保障体系。中央政治局常委对这个问题都非常重视。没有社会保障体系，工人不能辞退，企业不能破产，国有企业永远没有活力。现在这个方案已经有了，我们重点研究四项：养老保险、失业保险、医疗保险、住房制度

---

① 吴敬琏．转轨中国．成都：四川人民出版社，2002. 210～212.

② 朱镕基讲话实录（第三卷）．北京：人民出版社，2011. 16.

改革，（住房制度）实际上也是住房保险。”①

养老保险、失业保险、医疗保险、住房制度，就国有企业改革来说最重要的就是这四项，是我们现在所说的“新三座大山”中除教育以外的两座，而在企业改制过程中最重要的是养老保险与失业保险，这是与下岗人员息息相关的。

“原来的《企业破产法（试行）》规定，企业破产以后，拍卖会的各种资金，首先要用于还债，然后再安置职工。当然，首先要把欠职工的工资还给职工。现在，我们把这个问题倒过来考虑了，企业拍卖所得首先用于安置职工，银行的债务从呆账准备金里冲销，国家来负担这个损失。因为不这样做，谁也不敢破产，职工不安置，社会就不稳定。但是应该看到，企业不能破产很多，企业破产多了，社会还是承受不起，因为被安置职工的生活水平要大大低于在岗位上的职工。破产搞多了，职工心里不平衡，就会引起社会不稳定。搞得太多，国家也负担不起。”②

社会保障制度的建立是随着企业改制的步伐而进行的。1991 年 6 月，国务院决定，改变养老保险由国家和企业包下来的做法，实行国家、企业、个人三方共同负担，确定了国有企业职工个人缴纳养老保险费制度。1993 年，中共十四届三中全会明确了养老与医疗费用社会统筹与个人账户相结合的原则。1995 年 3 月 1 日，国务院发出《关于深化企业职工养老保险制度改革的通知》。《通知》指出，企业职工养老保险制度改革的目标是：到 20 世纪末，基本建立起适应社会主义市场经济体制要求，适用于城镇各类企业职工和个体劳动者，资金来源多渠道、保障方式多层次、社会统筹与个人账户相结合、权利与义务相对应、管理服务社会化的养老保险体系。基本养老保险应逐步做到对各类企业和劳动者统一制度、统一标准、统一管理和统一调剂使用基金。深化企业职工养老保险制度改革的原则是：保障水平要与我国社会生产力发展水平及各方面的承受能力相适应；社会互济与自我保障相结合，公平与效率相结合；政策统一，管理法制化；行政管理与保险基金管理分开。

这项工作在 1997、1998、1999 年力度最大，党中央国务院陆续召开了一系列会议，出台了多个文件，例如：1997 年 1 月 6 日至 9 日，国务院在北京召开全国国有企业职工再就业会议。朱镕基在会上强调，解决国有企

---

① 朱镕基讲话实录（第二卷）. 北京：人民出版社，2011. 78.

② 朱镕基讲话实录（第二卷）. 北京：人民出版社，2011. 138.

业困难要走减员增效、下岗分流、规范破产、鼓励兼并的路子，建立社会主义市场经济体制下的优胜劣汰新机制，但是，要大力推行再就业工程。3月2日国务院发出《在若干城市试行国有企业兼并破产和职工再就业有关问题的补充通知》。《通知》明确指出，国家经贸委负责全国国有企业兼并破产和职工再就业的组织协调工作，并决定成立全国企业兼并破产和职工再就业工作领导小组，由国家经贸委（组长）、国家体改委、财政部、劳动部、中国人民银行、国家土地局、国家国有资产管理局等部门组成，并邀请全国人大常委会法工委、最高人民法院参加。其主要职责是：负责全国试点城市企业兼并破产和职工再就业工作的组织领导与协调；制定《企业兼并破产和职工再就业工作计划》的编制办法，制定《全国企业兼并破产和职工再就业工作计划》并监督执行；下达省、自治区、直辖市核销呆、坏账准备金的预分配规模，审核省、区、市《企业兼并破产和职工再就业工作计划》，并指导省、区、市企业兼并破产和职工再就业工作协调小组的工作等。全国领导小组的日常工作由国家经贸委负责，要求有关部门通力合作，协调一致，重大问题提交国务院国有企业改革工作联席会议讨论决定。省、区、市成立由经贸委为组长的对应机构。

1997年7月29日，国务院召开全国统一企业职工基本养老保险制度工作会议，贯彻同月16日颁布实施的《国务院关于建立统一的企业职工基本养老保险制度的决定》，部署企业职工基本养老保险制度改革工作。这项重大改革坚持的原则是：社会统筹与个人账户相结合；基本养老保险要保障基本生活；新老办法平稳衔接、待遇水平基本平衡；确保养老保险基金的安全与完整；逐步提高养老保险统筹层次，逐步由县级统筹向省级统筹过渡。统一制度，一是统一企业和职工个人的缴费比例，二是统一个人账户的规模，三是统一基本养老金的计发办法。规定基本养老金包括基础养老金和个人账户养老金两部分。朱镕基在会议上发表题为“关于完善企业职工基本养老保险制度的几个问题”的讲话，讲话指出：“建立统一的企业职工基本养老保险制度这项工作意义重大，如果不把养老保险和其他保险建立起来，国有企业改革就没有希望，改不下去。为什么呢？要改革就必须减人，没有社会保障制度减得下来吗？所以，社会保险是非常重要的，关系到我们国家的发展。……之所以国企改革步子不能大，就是因为我们没有完善的社会保障制度。今天，国务院为什么要来这么多人，苦口婆心地给同志们讲政策？就是希望这项工作能够开创一个新的局面。”①

同年 8 月 15 日，全国社会保险工作会议在北京召开。会议提出要全面推进社会保险制度改革，建立和完善养老保险、失业保险、医疗保险、工伤保险和女职工生育保险制度，扩大覆盖范围，努力保障广大职工的基本生活，切实维护社会安定。9 月 3 日，国务院又召开全国电视电话会议，部署在全国建立城市居民最低生活保障制度的工作，决定从 1997 年起到 1999 年底以前，在全国逐步建立起这种制度，使城市居民的基本生活得到保障。国务院规定：这种制度的保障对象是家庭人均收入低于当地最低生活保障标准的持有非农业户口的城市居民，最低生活保障标准由各地人民政府自行确定，所需资金由地方各级人民政府列入财政预算，纳入社会救济资金支出科目，专账管理。会议要求各地政府结合当地实际情况，尽快把城市居民最低生活保障制度建立起来，妥善解决城市贫困人口的生活困难问题。

1998 年 2 月 14 日，朱镕基在天津市考察再就业工作时指出，解决下岗待业职工的生活和再就业问题，是深化国有企业改革的基础条件。能不能在三年内实现大多数国有大中型亏损企业摆脱困境的目标，关键在于下岗人员能否得到妥善安置，这项工作直接关系到国有企业改革的成败，各级党政领导干部都要给予高度重视，加大工作力度，切实建成有中国特色的社会保障体系。3 月 24 日至 26 日，受江泽民委托，以党中央、国务院的名义，朱镕基在长春主持召开辽宁、吉林、黑龙江和内蒙古四省区党政主要负责人座谈会。他指出：企业下岗职工安置和实施再就业工程，事关改革、发展、稳定的大局，要采取有力措施，千方百计做好这项工作。4 月 14 日至 16 日，江泽民在重庆考察工作并发表重要讲话。江泽民说，做好国有企业下岗职工分流安置和再就业工作，不仅关系国有企业改革的成败，而且关系社会政治的稳定。5 月 14 日至 16 日，中共中央、国务院在北京召开国有企业下岗职工基本生活保障和再就业工作会议。江泽民在会上讲话，指出要充分认识到搞好国有企业的减员增效、下岗职工的基本生活保障和再就业工作，任务是非常艰巨的。这项工作不仅是重大的经济问题，也是重大的政治问题；不仅是现实的紧迫问题，也是长远的战略问题。各级党委和政府，一定要把它作为一个头等大事抓紧抓好。朱镕基在会议总结讲话中指出：解决国有企业人员过多的问题，不能照搬国外的做

① 朱镕基讲话实录（第二卷）. 北京：人民出版社，2011. 438.

三、从头再来

1997年，一首为下岗工人录制的公益歌曲《从头再来》，风靡了大江南北。

“只不过是从头再来”，换句话说就是“大不了从头再来”。

这种“从头再来”的勇气就曾感动过朱镕基，他在《上海要努力搞好国有企业的改革》的讲话中说：“特别使我感动的是，那些每月拿120块钱的下岗工人并没有抱怨党，只是讲自己如何如何困难。这是一个新的问题，国有企业就是困难。另一个转岗以后一个月挣2000元到3000元的工人还是想回工厂，他说，如果工厂要我，我还是要回去。这样的话非常平凡，但听了以后要掉泪。……现在一般国有企业的富余工人有二分之一，甚至三分之二，如果把这部分工人的就业安置好，国有企业的困难就解决了。就业的门路还是很多的，文化人也会做生意，产业工人就不会做生意？做生意也包括服务性行业。”①

这样的“从头再来”在我曾经的工友或者相熟的其他厂矿朋友里比比皆是。有的企业垮了或者卖了，对工人们没有任何安置，甚至连“买断工龄”也没有，工人们称之为“散伙”。

这里讲一段我的亲身经历：原企业有一位师傅是我的好朋友，是从上海迁过来“支援内地建设”（简称“支内”）的职工，是位模具钳工。我们之所以成为好朋友，是因为他的锉刀技术在全厂是第一的，我很佩服他并经常向他求教。他还拉得一手很好的手提琴，喜欢运动，我们常常在一起锻炼身体并拍一些肌肉照片。企业还没有垮台他就“内退”（没有一分钱的）回到上海，曾尝试过“从头再来”的各种营生。

我在读硕士研究生的时候，暑假路过上海曾特意去看他，当时他还处于“初级阶段”，找到了一种卖赤豆汤的生意。他在家里煮好一大桶赤豆汤，放进冰块，配好白糖、芡粉，味道很不错。一桶赤豆汤用纱布盖好，一个大菜篮里装着汤匙和碗，就这样拎到徐家汇去卖，那里有一些大商场，摊位都是租给个人的。每当下午三四点的时候，既要降暑也要补充能量，就会有人要吃，因此“卖”的商机就应运而生。我执意要与他一起去，帮他拎那沉沉的一桶赤豆汤。他起初不肯，说你一个研究生去卖赤豆

---

① 朱镕基讲话实录（第二卷）. 北京：人民出版社，2011. 64.

汤可能面子上下不来。我说不就一个八级工嘛，有什么可怕的。但后来事实证明我还是低估了人们眼神的犀利。我们一个拎桶一个拎碗，走到每个摊位去推销，挨个地去问别人："吃吗?""吃吗?"有人对你不屑，有人给你冷眼，有人干脆不理你，当然也有人与你聊几句再买上一碗。一圈下来，一桶赤豆汤全部卖完，5角钱一碗，30碗左右，销售额15元钱，成本约一半，可赚7、8元钱。在当时一个工程师月工资113元的情况下，这个收入已相当可观。我惊叹的是他在偌大的一个商场中，能够准确地到买过汤的客人柜台前收回吃过的碗勺并收下5角钱，决不会遗漏。其实，当我听到近乎于哀求别人的"吃吗?""吃吗?"问语的时候，我的头皮都差点炸开了。不过这种胜利归来的情况只是在买卖好的时候，如果下午下了一场雷阵雨而气温下降，那可就惨了，赤豆汤卖不出，全家就要以此当饭吃好几天了。

在后来的十几年里，他从事的"职业"或"工作"我也不知道应该叫什么，因为许多"职业"或"工作"是要被抓或被赶的，比如"走鬼"、"黑摩托"、"医托"等等。后来我在北京读博士时，父母要去上海看病，我走不开就委托这哥们照顾。没有想到他是腿上打着石膏撑着拐棍——因为他骑"黑摩托"时摔折了腿去火车站接我父母的。他不弃不舍，"再苦再难也要坚强"，腿一好爬起来又"从头再来"，这样的事发生过几次。好在上海有好政策，对"内迁"的职工，先是允许他们的子女把户口迁回上海，然后又让他们以随子女生活之名把自己的户口也迁回上海。不要小看这一户口啊！有了户口他们就可以在上海享受低保了，还可以报销部分医药费。前两年他终于熬到了60岁，回到原来企业的所在地，补交了4万元养老保险金，然后办理了退休手续，现在每月可以拿1000元左右的退休金。

在20世纪90年代的时候，经济基础较好的上海在这个方面走在了前列。朱镕基曾经多次表扬过："我昨天从上海回来，在上海听了有关再就业工程的汇报，上海确实在这方面取得了一些成绩。上海1990年到1995年共下岗86万职工，安置了66万职工再就业，到1995年底待岗职工20多万。1996年下岗20多万职工，当年再就业20多万职工，到1996年底还有20多万职工等待安置，其中有15万职工依靠失业保险。这些措施对解决国有企业困难确实起到了重要作用。上海纺织工业1996年前分离出22万职工，1996年成立了纺织行业再就业服务中心，8.5万职工下岗进入再就业服务中心，其中4.5万职工重新就业；1997年计划再分离5万职工。进入再就业中心的下岗职工，每人每月发基本生活费225元，由企业代交25%的养老保险、4%的大病统筹保险，另外还有住房公积金，大概每年平均向每人支付4300元。”①

“我上次从上海了解到，上海的基本生活费是每月250元，实际上要发350元，因为要代工人缴保险。这是比较高的标准，别的地方没有这么高。这次我到辽宁，了解到他们的基本生活费大概是每月120元到150元，没有包括保险。我想还是应该包括保险，不给他们缴保险，职工下岗的思想阻力会更大。这个资金的筹集渠道，一是企业自筹，二是政府拨款，三是社会互济。”②

北京的情况也不错，“以1998年北京市的下岗职工分流安置的情况为例。这一年总共安置10.21万人。其中到国有单位的5.44万人，占53.28%；到集团经济单位的1.95万人，占19.1%；到股份制经济单位的0.26万人，占2.54%；到外商投资企业的0.2万人，占1.96%；到私营个体经济单位的0.55万人，占5.39%，到其他单位的1.81万人，占17.73%”③。

“据劳动部门的调查，1995年下岗职工再就业率为57%。到1996年第三季度，全国已组织500多万失业人员和企业富余职工参与了再就业工程，其中有300万人次参加了职业指导，110万人次参加了转业转岗培训，451万人次享受失业救济，200万人得到临时救助，组织近百万人开展了生产自救。到目前为止，通过政策引导和就业服务，全国已有40%的下岗职工实现了再就业。”④

1998年底，“609万国企下岗职工实现了再就业，再就业率达到了50%的预期目标。据统计，到1999年末，全国国企下岗职工进中心的比例达到了95%以上，签协议的比例为85%。在已经再就业的609万人中，从事个体经营的有257.4万人，占再就业人数的42.3%，到非国有单位就业的有168.2万人，占27.6%，到国有单位就业的有165.9万人，占27.2%。这种所有制构成发生的变化，与产业结构调整的趋向是一致

① 朱镕基讲话实录（第二卷）. 北京：人民出版社，2011. 390.

② 朱镕基讲话实录（第二卷）. 北京：人民出版社，2011. 435.

③ 李强，胡俊生，洪大用. 失业下岗问题的对比研究. 北京：清华大学出版社，2001. 148.

④ 付卡佳，白津夫. 迈向21世纪：中国股份制. 北京：中国工商出版社，1998. 322～323.

的”①。

从1998—2000年，“经过三年的努力，我国初步建立起了包括下岗职工基本生活保障、失业人员的失业保险金、城镇居民最低生活费三条保障线在内的社会保障系统。在国有企业内部，大多数企业都专门建立了职工再就业中心，负责对下岗职工的管理与再就业培训，为下岗及分流人员服务。在亏损严重的国有企业，进入再就业中心的下岗职工基本生活保障费用实行了分别由企业、社保基金与财政各出1/3，不足部分由财政托底的‘三家抬’政策，极大地支持了国有企业减轻人员负担的政策，为企业的减员增效提供了社会条件。三年来，全国先后有2100多万国有企业的职工下岗，其中1300多万人实现了再就业，100多万人通过企业内部退养等方式得到安置；国家通过各种渠道累计筹集下岗职工基本生活保障资金800亿元，95%左右的下岗职工领到了基本生活费，并由再就业中心代缴生活保险费。到2000年底，全国累计发放养老金4200多亿元，3100多万名享受养老金保险待遇的离退休人员中有98%左右按时足额领到了养老金。”②

“1998年和2001年，国家劳动部门两次提出了‘三年千万再就业培训计划’，还在各地实施‘再就业援助行动’，使多数下岗职工都得到了不同形式的职业培训，提高再就业的能力。1998—2003年，先后有1800多万下岗职工通过多种渠道和方式实现了再就业。”③

朱镕基给出的数据具有权威性：“从1998年到2000年年底，国有企业下岗职工累计2550万人，已实现再就业1700万人，除办退休手续和解除劳动关系的，目前下岗职工还有500多万人留在再就业服务中心等待再就业。随着国有企业改革的深入，还将有一些职工下岗分流，甚至失业。”④

因此，朱镕基在2002年中央经济工作会议上的讲话中告诫领导干部：“我们总应该记得，我们现在农村还有3000万的贫困人口，脱贫的标准并不高。这些贫困人口是非常贫困的。城市还有2000万的‘低保’人口，还有1000多万的下岗职工以及大量的离退休人员和生活困难人员”⑤。朱镕基这里说的“我们总应该记得”应该是“不要忘记”的意思。

---

① 齐鹏飞，杨凤城．当代中国编年史（1949.10—2004.10）．北京：人民出版社，2007.763.

② 章迪诚．中国国有企业改革编年史．北京：中国工人出版社，2006.555.

③ 张卓元，郑海航．中国国有企业改革30年回顾与展望．北京：人民出版社，2008.308.

④ 朱镕基讲话实录（第四卷）．北京：人民出版社，2011.346.

⑤ 朱镕基讲话实录（第四卷）．北京：人民出版社，2011.454.

综上所述，解决下岗职工的再就业问题主要通过以下渠道：一是发挥比较优势，重视劳动密集型产业的发展，缓解就业矛盾；二是大力发展中小企业，提高其对就业人口的吸纳能力；三是大力发展第三产业，使之尽快成为吸纳下岗职工的主渠道；四是加强基础产业和基础设施建设，安置一批下岗职工；五是积极推进劳动力市场建设，动员社会力量组织再就业培训。

当然，再就业工程是很困难的一项任务，主要有以下原因：

第一，经济与社会原因。因为重复建设、盲目建设、资源枯竭而引起的职工下岗，本来就没有企业了，要实现再就业必须改换门庭；对40、50岁的职工来说，年纪已经大了，应聘成功的概率很小，人家当然挑年轻的；因为专业化生产条件下只有“专”才能效率高，讲究行行出状元，要求职工干一行爱一行，即使想多学几招，也是有严格的管理制度与纪律规范的，没有某一岗位或设备的上岗证是不允许操作的，因此职工技能比较单一；因为三产比例调整，产业政策与结构调整，还有科技革命与新技术带来的变革而引起的职工下岗，下岗职工找工作是困难的；国企下岗职工曾长期受党的教育，有过主人翁意识，有民主管理的经历，有法律纪律意识，经过安全生产安全保护的长期训练，有规范的生产流程操作程序，因此维权意识较强，搞不好就成为不规范企业的“刺头”，因此别人不愿意要等等。

第二，就业观念的影响。职工的就业观念也使他们的就业选择要比农民工窄得多。“现实的利益纠缠也使下岗职工难以迅速脱离原体制。主要有两个方面的问题：一是原来低工资的补偿问题，二是社会保障的衔接问题，特别是后者。由于我国社会保障的社会化程度不高，覆盖面有限，大量非公企业的社会保障并不健全，因此，职工对于脱离原单位到非公经济领域就业，不仅有被剥夺感，而且缺乏安全感。对于多数人到中年的下岗职工而言，安全保障又显得特别重要。因此，在他们还能作出选择时，他们还是愿意回到原单位。”①

第三，与农民工竞争处于不利地位。使用国企下岗职工的成本比农民工高，企业自然使用农民工。“在市场经济条件下，利益追求成为一些用人单位的行为动力。正是这种利益的追求使得用人单位对于政策的执行存在着选择性。在用什么人不用什么人的问题上，各单位享有很大的自主

① 李强，胡俊生，洪大用．失业下岗问题的对比研究．北京：清华大学出版社，2001. 151.

权，并且总是受着追逐利益最大化的驱动。据北京市 1996 年调查，当时职工的年平均人工成本为 14901 元，而使用外来工的年平均人工成本仅为 7600 元。因此，当发现使用国企下岗职工的成本比外来工要高时，各单位自然倾向于使用外来工，这自然形成对于外来劳动力的拉力。只有当使用下岗职工的收益足够大时，它们才会选择使用下岗职工。”①

最后，说一说“买不断，理还乱，是隐忧”的“买断工龄”的问题。在企业改制过程中，不知道最初的来源也不知道搞得最早的企业是哪一家，出现了“买断工龄”一说，而且后来成为一种比较普遍的做法，这种做法是出问题最大的，也是下岗职工最为不满的问题。

“‘买断工龄’是让职工离开国有企业普遍实行的办法。进入新世纪以来，因‘买断工龄’引起了工人的不满，有的地方、有些企业，发生了大规模的群体性事件。这个问题已经成为影响社会和谐稳定的一个着火点。

“……中华全国总工会 2002 年调查显示，在买断工龄的人员中，单位给予经济补偿完全支付现金的占 82.2%；没有获得任何补偿的占 12.5%。获得经济补偿的，平均每一年工龄给 1126.67 元。也就是说，有 20 年工龄的老工人，给两万多元就和企业脱离一切关系，以后的养老和医疗保障都得靠自己。那些没有得到任何补偿的工人就更惨了。”②

“2004 年 7 月 8 日《南方周末》的‘百姓纪事’栏登了邯飞子写的《妻子的失业证》，故事如下：

“妻子所在的服装厂几年前不景气，大部分工人都放了长假，实行‘两不找’政策。几天前，工厂突然打来电话，说要跟一批工人解除合同，办理失业手续，妻子也名列其中。第二天去了单位。没到中午，她带着一脸的愁容回了家说：‘厂子说了，办失业手续可以，但得先把这几年的失业保险金补齐，会计给我算了一下，要我交 4000 块钱呢！’办公室主任说，不交也可以，不过解聘以后的事，厂子概不负责。

“因为厂子还规定了交钱的期限，过期后果自负，所以我和妻子商量了一个下午，最后决定：先把钱交了再说。说心里话，我们两口子都觉得窝囊，4000 块钱虽然凑一凑勉强拿得出来，可八九年的工龄，不但一分钱不给就打发了不说，还要交一笔钱才能享受失业保险，这是哪家的理啊？

“在截止日期到来之前，妻子拿着 4000 元钱去了服装厂，然后换回来

① 李强，胡俊生，洪大用．失业下岗问题的对比研究．北京：清华大学出版社，2001. 151.

② 杨继绳．中国当代社会阶层分析．南昌：江西高校出版社，2011. 199 ~ 200.

一张铅印的证明条，上面写着：‘××××年×月×日，×××同志（乙方）与××服装厂（甲方）经过协商，自愿解除劳动合同，双方互不追究对方任何责任。’下面是妻子的亲笔签名和工厂劳资科的大印。

“我心说，这下完了，这张证明等于截断了咱老百姓的后路了，以后就是想找个说理的地儿翻身都不可能了，即使打起官司来，说不定也会像一只被人踢来踢去的皮球，从此没个安生日子。

“下岗职工，不少人的后半辈子就这样敲定了。这里，又有一个新名词：‘买断’。一些公有制企业转制为‘民营’，都要裁员，按照工龄长短，给一二万元不等，从此与单位不再有任何关系。他们说，什么买断，是断了后路，断了生活来源，今后要重新‘投胎’，自己去闯世界，是死是活，只能听天由命！”①

朱镕基曾为此改写了一句词，“买不断，理还乱，是隐忧。总是一个麻烦在手头”。他说：“中国石油天然气集团公司所属的大庆石油管理局和油田公司，从2000年开始分流企业富余人员，共依法解除劳动合同关系7.3万人。今年3月1日以来，大庆石油管理局数千名已经与企业签订解除劳动关系协议的人员，到石油管理局机关上访，持续了一个多月，聚集人员最多时达到上万人，甚至出现上街游行、拦截列车、阻断交通、损毁车辆等过激行为，至今还没有完全平息。造成这次事件的直接原因，我们认为不是政策上有什么大的偏差。1994年通过的《劳动法》明确规定可以解除劳动合同关系，但是要给予经济补偿，即一年工龄发一个月工资，一次性发完；以后可以享受两年失业保险；两年后如还没有再就业，可以享受社会救济，现在叫最低生活保障。1994年，国务院又发了通知，国有企业破产以后，职工解除与企业劳动关系自谋职业，可以发给三年工资，作为一次性的遣散费，这实际上比《劳动法》的规定还优惠。大庆油田与职工解除劳动关系，一个人给以经济补偿最多的17万元，最低的也有16万多元，相当于他们原来年工资的五六倍，远远超过国家规定的标准。那么，发生这次事件的真正原因是什么呢？

“第一，‘买断工龄’这个提法不符合事实，也是不正确的。把一次性发安置费叫作‘买断工龄’，实际上工龄并没有买断，因为国务院的文件规定得很清楚，工人虽然解除了跟企业的劳动关系，但国家对他原来的工龄是承认的，过去企业或者他个人所交的社会保险费，国家也都承认，将

① 沈立人．中国弱势群体．北京：民主与建设出版社，2005. 64～65.

来他退休时，社会劳动保障机构仍然要给他发养老金，所以并没有‘买断’。‘买断工龄’的错误提法，给工人造成很大的误会，好像不管他了，对他过去的贡献都不认账了，根本不是这么一回事。

“第二，国家政策规定职工有偿解除劳动关系以后，如果再就业了，那么劳动保障关系就接上了，就由新工作单位交社会保险费；如果没有再就业，职工可以自己交社会保险费，交不交完全自愿。交了以后有一个好处，就是退休的时候，养老金给付的标准高。这本来是为下岗工人和解除劳动关系人员着想的一条政策，但是大庆油田在执行黑龙江省政府关于调整养老保险个人缴费方式政策的时候，宣传解释得不够，而且制定的标准由国家规定的两档改为六档，最高的相当于工资的三倍。当然，这是自愿的，你交不交都可以，但这一点并没有给职工讲清楚。他刚拿了十几万块钱的补偿，如果一年要交一万多块，这钱还不够他交十年的，那他有什么安全感呀？这也是工作上存在的问题。

“第三，油田的经济效益好转以后，在岗职工的奖金增加得太快，引起部分有偿解除劳动关系人员的心态不平衡。他们觉得解除劳动关系吃了亏，所以要求重新恢复劳动关系，恢复上岗。

“第四，部分解除劳动关系人员对如何解决住房和交物业管理费、采暖费等遗留问题，心里不托底，担心没有保障，对子女的就业难也有意见。

“第五，思想政治工作不到位。对有偿解除劳动关系人员缺乏深入细致的思想工作，没有及时消除他们的误解，党组织的作用也没有很好地发挥。”①

后来，朱镕基在2002年中央经济工作会议上的讲话中总结说：“从这个事件可以得到一个教训，有偿解除劳动关系的做法不能简单地叫作‘买断工龄’，实际上买不断，也并没有买断。今后要慎重，尤其是像大庆那样原来企业和城市一体的地区。我想到南唐后主李煜的一首词中说：‘剪不断，理还乱，是离愁。别是一般滋味在心头。’我把它改成：‘买不断，理还乱，是隐忧。总是一个麻烦在手头。’工龄是买不断的。你把人家几十年作的贡献都买断了，他能承认吗？还是要采取一套方法，就是国有企业职工下岗再就业服务中心与失业保险并轨。如果找不到工作，就实行城市居民最低生活保障。大庆已经实行‘买断’的办法不能动摇，如果动

① 朱镕基讲话实录（第四卷）. 北京：人民出版社，2011. 340～343.